軸のある人、ブレる人

日本はなぜ「上」から劣化するか

講談社+α新書
プラスアルファ

はじめに

人間社会は論理や倫理、それに情理などと、あらゆる「理」を織《お》り込みながら、皆が幸せになることを目指してきた。そのようにしてある程度ではあれ、秩序があって道理の通用する社会を築き上げてきた。そのはずであった。

ところが、冷静になり客観的な目で昨今の世の流れを観察すると、その「理」があちこちで崩れてきているように思われてならない。道理に合わないことが、「白日《はくじつ》の下《もと》において」平気でまかり通っている。「無理が通れば道理引っ込む」状態になっているのだ。というよりも、無理なことを強引にやり遂《と》げて、それが無理なことであるという意識がないので、本人は当たり前のことをしていると思っている。「無理も通れば道理になる」結果になっている。

「勝てば官軍」であり、「力は正義なり」という考え方が蔓延《まんえん》している。世の正義や公正に反していても、強引に押し通してしまえば、押しも押されもせぬ勝者になる。そのような風潮の中にあっては、自分も負けてはならじと我勝ちに、利のある方向に突き進んでいこうとする。

だが、それは猪突猛進《ちょとつもうしん》であり、向こう見ずに危険な道を走っていこうとする蛮行《ばんこう》でしかない。

多くの価値観が揺《ゆ》らいでいる混迷《こんめい》の時代においては、人間の原点に立ち返って自分自身で考えてみる必要がある。自分自身の価値をどこに置くかを考えて、社会の中における自分の位置を見極める。心の中に一点の曇《くも》りもないように考えていくのが理想的であるが、入り乱れた社会の中にあっては、そうもいかない。

ところどころで、ある程度は「現実」と折り合いをつける柔軟性も必要だ。徹底的に筋《すじ》を通そうとしたら、社会と大きな軋轢《あつれき》が起こる危険性もある。それは自殺行為にも等しく、元も子もなくしてしまうことにもつながりかねない。

そのように安全運転を心掛けながら、その大きな枠《わく》の中で自分の「美学」を追求していく。美しく生きていくためには、多少はやせ我慢を張る場面も必要になってくる。だが、それも生き甲《が》斐《い》の大きな要素の一つである。ほかの人にとっては、つまらない意地であると見えるかもしれないが、自分にとってはこのうえなく大切な心の支えである。

これまで誠実に生きてきながら築き上げ磨き上げてきた良心には、自信を持っていい。自分の良心を信頼し、それを自分の「軸」として、自分の言動を律《りっ》していく。さらに、何か自分が社会と遊離したかたちで依怙地《いこじ》になったり、人と感情的に正面衝突しそうになったりしたときは、自分の心の中を探って、その根源にある「欲」は何かを見極めてみる。すると、近視眼的でつまらない欲にこだわっている自分を発見するはずだ。

大局的な見地に立って、自分が培《つちか》ってきた豊かな常識と鋭敏な洞察力を働かせてみれば、自《おの》ずと自分の行くべき道筋もはっきりと見えてくる。世の中を飛び回っている有象無象《うぞうむぞう》の欲の塊《かたまり》に惑《まど》わされて、自分の身を誤《あやま》ることはない。

本書の出版に際しては、株式会社講談社生活文化局の村上誠氏のお世話になった。ここに深甚なる感謝の意を表明する。

二〇一二年四月

山﨑武也《やまさきたけや》

◉目次

第二章　組織や肩書きから自由になる

第三章 他人の金をあてにしない

第四章　自分を大切にする

第五章　健全な「軸」は健康な肉体と精神に宿る

第一章　分をわきまえる

人を品定めしてわが身をふり返る

日々の仕事や生活の場においては、いろいろな人と接している。その中で一緒にいたり近くにいたりして、自分の気持ちが高揚してくる人もいれば、気が滅入《めい》ってくる人もいる。そのように自分の気分が異なってくる理由について、時どきでいいから考えてみるといい。

もちろん、その時点における自分自身のもともとの精神状態によって左右されることが多いので、その点も勘案したうえで分析し、検討していかなくてはならない。どんなことについても評価したり判断したりするときは、まず自分自身が正常な状態にあるかどうかをチェックしてからにする必要がある。自分の視点がブレていたら、そこでなされる観察や判断が正しいかどうかについても、信憑性《しんぴょうせい》がなくなるからだ。

自分の心が平静であることを確認したら、人の「品定め」である。その際に人と自分とを比較してはいけない。人の品性をどうのこうのという資格は自分にはない、などと思ったのでは、作業はまったく進んでいかない。自分の心の中で密《ひそ》かにする作業であるから、自分の恥も外聞も考えなくていい。自分のことは棚に上げて考えていくのだ。

接していて心の中にさまざまなプラスの感情が湧《わ》き上がってくる人の言動を分析して、その特質を列挙していってみる。心の動きがソフトであって、思いやりの気持ちが籠《こ》もっていて、やさしいムードが満ちている。すべてシンプルですっきりしているので、その気持ちがストレートに自分に伝わってくる。まったく抵抗感がない。

道徳的にも人格的にも信頼できる人であるという感じだ。正直であって常に誠実に対応をし続けるという姿勢を堅持していて、その点に関しては揺るぎがない。したがって、人の期待を裏切ることがない。安心して接したりつきあったりすることができるのだ。

些細《ささい》なことについてであっても、自分が口にしたことは、どこまでも忘れないでいて実行する。何気なくいった言葉であっても、それに反するようなことはしない。信義を重んずる人であるので、その律義さには全幅《ぜんぷく》の信頼を寄せることができる。

たとえば、「また近いうちにお会いしましょう」などと一言いっただけでも、それを堅い約束として必ず守る。それはあちこちでよく耳にする台詞《せりふ》であって、外交辞令的に使ってしまう人が多い。だが、いわれたほうとしては、相手に好感を抱いていたり憧《あこが》れていたりするときは、期待を寄せて声が掛かってくるのを待つのも人情だ。その淡い期待にも沿おうとする真摯《しんし》さに対しては、心を惹《ひ》かれない人はいないだろう。

美しい人、醜い人

人から信用される資質を築き上げるには、どこまでも言行一致《げんこういっち》を貫《つらぬ》きとおす姿勢を微動だにさせないことだ。どんなに取るに足らぬことについても、また相手がどんな人であっても、対応の仕方に違いがあってはならない。どこまでも扱っているものを大切にし、どこまでも相手の人間性を尊重した言動をすることに徹する。

自分自身の利に配慮したり引きずられたりする意図があればあるほど、人々の心に訴える力は弱くなる。自分の欲をできるだけ抑えて、人が望んでいることに沿った考え方のうえに立った言動をすれば、人々は賛意を表明して好意的な反応を示す結果になる。

いわば人々の期待を想定して、それにできるだけ応えようとする動きをしなくてはならない。そのような動きを、人々は「美しい」と感じるのである。無私の度合いが強ければ強いほど、その人の言動に関する美の度合いは高まってくる。

人の思いや願いを無視して、自分自身の欲に従って動く度合いが強くなればなるほど、人々はそこに醜《みにく》さを感じる。そこで非難をしないまでも、相手にならないようにしたり極力無視しようとしたりする。気がついてみたら、周囲には誰もいなくなったという結果にもなりかねない。少なくとも味方は誰一人としていなくなり、敵に囲まれているという情況に置かれている自分を発見することになるかもしれない。

その点だけに焦点を合わせてみると、味方が多ければ多いほど美しい度合いが強い人であって、敵が多ければ多いほど醜い度合いが強い人であると結論づけても、それほど見当違いではなさそうである。味方と敵の数を見れば、その人の心の美醜《びしゅう》の度合いが、ある程度は判断できるのである。

そこまで考えたら、こんどは自分自身の「品定め」を虚心坦懐《きょしんたんかい》に試みてみるのだ。そこで自分が人間としての品格について、上中下のどこに位置するかを見極める。それが心を磨き上げていく出発点である。まず自分を知らなくては、どこへ行こうにも方向がわからない。

責任者が責任をとらない理由

悪が社会のあちこちでのさばっている。その都度《つど》一応は指摘されたり非難されたりするが、その真相や根源を徹底的に追及して正そうとする努力はあまりなされていない。世の識者も憂慮すべきこととして警告を発しているが、それに対して多くの人たちは真剣に耳を傾けようとはしない。

そのうちに、ほかの悪が次々と起こってくるので、人々の関心も次第に新しい悪へと移っていく。悪を一つひとつ根絶していく時間がないので、悪はそのまま放置される結果となり、多くの悪が累積していき、身動きが取れない状態になっていく。

また、たまに悪が大きな問題として取り上げられた場合でも、その悪の原因について責任のある人や組織が完膚《かんぷ》なきまでに糾弾《きゅうだん》されて、その責めを負《お》わされることはない。すぐに是正策を講じることの重要性が強調されて、責任がうやむやにされてしまう。きちんと責任者に罪を負わせて、それに相応した償《つぐな》いをさせるという処理がなされないままに終わるのである。

これからという将来が重要だと、もっともらしい口実に惑わされて、悪が行われた過去から目を逸《そ》らした結果になっている。そこで、過去に育《はぐく》まれた悪の芽が温床《おんしょう》に残されたにも等しい状態が続いていく。

悪の芽はあくどいだけに強靭《きょうじん》である。ちょっとでも世の中の空気が柔らかくなると、直ちに芽を吹き出して、またたく間に大きく成長する。そのスピードは、あれよあれよという間もないくらいだ。悪の芽を根絶する作業を怠《おこた》ってはならない。悪の生命力は強大であることを忘れてはいけない。

悪に対する姿勢が間違っているのだ。是正策を講じる前に、悪を「根絶《ねだ》やし」にする。その順序を誤ってはならない。勧善懲悪《かんぜんちょうあく》といわれているので、まず善《よ》いことを勧めてから悪を懲《こ》らしめると考えてしまう。どちらも重要ではあるが、緊急を要するのは懲悪のほうだ。人々の注意を喚起《かんき》するためには、「懲悪勧善」というべきであろう。

悪い個性は「ぶっ壊す」

今日《こんにち》の悪がはびこっている原因の一つには、最近の教育方針もあるようだ。子供を育てたり教育したりするときに、それぞれの個性を伸ばすという方向性が説かれている。よくも悪くも、子供は欲の塊《かたまり》である。子供は欲を抑える術《すべ》を知らないので、放置しておいたら自分勝手な動きをする。

人間社会の調和や公平性といった観点から、世の中にはさまざまなルールが確立されている。それに抵触する個性は悪い個性である。にもかかわらず、そのような個性までも、個性を尊重するという名目の下に、放置するだけではなく伸ばそうとする風潮が見られる。

そのような考え方に基づいた自由放任主義がまかり通っている。心ある人が子供の悪い個性を指摘して非難したり矯正《きょうせい》したりしようとすると、親が出てきて、逆に責められる始末である。

個人の視点から見て自分だけに利がもたらされるような個性では、社会性を欠いたものであるから、いい個性であるとはいい難い。社会性を加味した方向へと誘導していくことが必要になってくる。社会にとっては悪性の腫瘍《しゅよう》にも等しいものとなる危険性があるからだ。

すぐさまメスを入れて切り取らないと、そのうちにまさしく社会にとっての癌《がん》になる。少しずつ世の中を蝕《むしば》んでいき、住みにくい世界へと変質していく運命だ。悪の種は早期に発見して取り除いておく必要がある。

子供のうちに、すなわち早期に道徳教育をきちんとしておかなくてはならない。人間社会で生きていくためには、善悪の区別を明確に認識させて、その判断が適切にできる基盤となる「良心」を植えつける。

世の親は子供の教育に関しては、極めて熱心である。よりよい学校に通わせたり学習塾で勉強させたりして、エネルギーと金を使っている。だが、寡聞《かぶん》にして、優れた道徳教育で名を売っている学校を知らない。学習塾においても、情勢は変わらないようだ。教育の荒廃の一端がここにあるようだ。今や「社会の興廃この道徳教育にあり」といっても過言ではないだろう。

楽天的に構えて、性善説を頼みにしてはならない。たとえ外交的には性善説に与《くみ》するようなことをいったとしても、性悪説を信奉したうえで、慎重な方策を講ずる必要がある。世の乱れを是正するためには、悪いものは悪いとして明確に決めつけ、非難の声を大にしなくてはならない。

とにかく、悪い個性は「ぶっ壊す」のである。その後の土壌から出てきた良性の個性の芽だけを大切に育んでいく。悪いものをよくしようとはしないで、まず悪いものはそのままで粉砕《ふんさい》することに全力を傾注するのだ。

自分の型を決める

優れた芸術作品には、その作者の独得なスタイルが具現されている。その分野について興味を抱いていたり知識があったりする人であったら、ちょっと見たり聞いたりするだけで、その作品の作者は誰であるかが直ちにわかる。

たとえば絵画であれば、ピカソでありシャガールである。離れたところから見ても、またその絵に記されているサインを見なくても、すぐにそれとわかる。私の好きなモディリアーニの場合は、その一部の色や線を見ただけでも見分けがつく。絵画だけではなく、文芸や彫刻、それに音楽など、すべての芸術についても同様だ。

私の親友の一人に、大学在学中に芥川賞を受賞した小説家がいる。いつの間にか官能小説の分野に転身をしたが、そこで独得の文体を確立して一世《いっせい》を風靡《ふうび》した。友人同士で集まったときは、彼の小説に出てくる特徴的な台詞の言い回しの真似をして、ふざけ合ったものだ。大衆的な文芸や演芸の場合は、自分のスタイルを多くの人たちが簡単に真似するようになったら、有名度が大いに高まった証拠である。文字どおり「人口《じんこう》に膾炙《かいしゃ》する」状態になっているのだ。

一定のスタイルが出来上がっているというのは、同じであったり似ていたりすることが繰り返されていることである。したがって、見たり聞いたりするときに、安心していることができる。意外性に驚かされることはないので、対応の仕方にもとまどうことはない。

そもそも人生は繰り返しである。日々の生活においても、朝起きて洗面をすることに始まり、食事、仕事、休憩などが規則的に行われて就寝までへと続いていく。その間には、喜怒哀楽《きどあいらく》などのさまざまな感情が、これまた繰り返し入り交じってくる。同じような情況が生きている間中ずっと続けられていくのである。

そのように当たり前のことを当たり前にしていくのが人生であり、そこに大きな波風が立たなければ立たないほど、幸せの度合いが高いといっていいだろう。平凡が幸せであるといわれる所以《ゆえん》である。

カタチはココロを伝える

ただ、あまりにも平凡なことが長期間にわたって繰り返されると、飽《あ》きてくるというのも人の自然な感情である。惰性《だせい》的になってきているので、マンネリズムを感じるのだ。そのようなときは、それまでの殻《から》を破って、ちょっとした変化を演出してみるといい。自分の行動様式についても大きく変えないで、小さなところに独創性や新鮮味を加えてみるのである。

もちろん、自分のイメージを一新させたいときは、すべてを取り替えてみる方式もあるが、周囲の人たちを驚愕《きょうがく》させる結果になる。人格の不統一を印象づけることにもなるので、芸能界などの特殊な世界の人でない限りは、あまりすすめられない。同じ変化を試みる場合でも、急激に大きく変える革命的変化ではなく、少しずつ徐々に変わっていく進化的変化のほうが望ましい。そのほうが人格にも円満なニュアンスが感じられるので、人づきあいもスムーズに進んでいくはずだ。

伝統文化で長年にわたって続いてきているものには、細部に至るまで決められた型があって、それらがそのまま継承されている。外部の人から見ると、すべてがルールずくめであって、きわめて堅苦しく感じられる。だが、そのルールの一つひとつに意味があって、それを深く追究していくと、そこに魅力的な世界が現出してくる。

型が防護壁の役目を果たして、伝統的な中身を歴史の試練から守ってきている面も見逃せない。大切な茶碗などを保存するためには、綿や布で何重にも包《くる》んで内箱に入れ、さらにそれを包んで外箱に入れることもある。ちょうどそれと同じようなところがある。

たとえば、茶道の場合だ。お茶を点《た》てるときの順序の進め方や、身体や手の動かし方には、一定の型やタイミングが決められている。それらを学ぶことによって会得《えとく》していくと、そこに込められた精神も次第にわかってくる。すなわち、カタチ自体にも実用的な教えや美意識の向上を狙《ねら》った目的があるのだが、同様に人生に対する姿勢という意味合いが含まれているのだ。

自分のココロを相手に直接伝えることは至難《しなん》の業《わざ》である。テレパシーの達人同士にしかできないであろう。実際には、言葉やものといったカタチのあるものの媒介を必要とする。カタチはココロを伝える最も効果的な手段であることを忘れてはならない。

自分の身なりであれ行動様式であれ、自分に独得のスタイルとかパターンを確立する。それがまさに自分のアイデンティティーであり、自分を社会の中で「通用する」ようにするために必要不可欠な道具である。

筋を通す

何かを提案しても、即座に「いいんじゃないですか」とか「それでいいと思う」とかいって、必ず賛成する人がいる。人のいうことを何でも聞いていいなりになる人だ。いわゆるイエスマンである。自分の思いどおりになる人であるから御《ぎょ》しやすい人であって、相手にとっては便利のいい人だ。

人の提案について、それを実行に移したらどういう結果になるかを、まったく考えてみようともしない。したがって、自分の追従者や部下としては扱いやすいが、それだけに自分の考え方をさまざまな面からさまざまな要因を考えたうえでチェックしてくれる機能に欠けている。数を頼むときには役に立つが、水も漏《も》らさぬ態勢で臨まなくてはならない場合には、頼みにはならない。

そういう人は、単に自分で考えてみようとしないだけではなく、何かに立ち向かっていこうとする意欲がない。さらに、自分の信念に基づいて自分の意見を述べようとする勇気もない。人と対決しようとする姿勢がない。よくいえば平和を愛する人である。だがそれは、その場限りの束《つか》の間《ま》の平和であって、自分の保身のために争いを避けようとしているにすぎない。

最近の若い人たちの言動に見られる傾向の中に、保身という要素が強く出ている。社会に殺伐《さつばつ》とした雰囲気が溢《あふ》れ、不安感が充満しているので、無理もないと思われる。よく使われ批判の的《まと》にされている「よろしかったでしょうか」というような言葉遣いにも、物事を曖昧《あいまい》にして波風が立たないようにしようとする心理が隠されている。

相手がいったりしたりしたことが間違っていると思っても、その点をはっきりと指摘しないで、別の選択肢があることを示唆《しさ》するようないい方をする。無気力を感じさせて、摑《つか》みどころがない印象を与える。若者らしいエネルギーの噴出がないのである。

特にビジネスの場では、上司を含めた自分より強い人に対して、少なくとも表向きは絶対服従の姿勢を崩さない。私たちが若いころは、自分が正しいと思ったことは、相手が誰であってもひるむところなく主張したものだ。それに対して相手が否定したり曖昧な対応をしたときは、食って掛かっていた。猪突猛進《ちょとつもうしん》のきらいはあったが。

自分の考え方が間違っていたのが後からわかって、反省することも少なくなかった。しかし、そのような若気《わかげ》の至《いた》りを繰り返していく中で、自分自身を切磋琢磨《せっさたくま》して成長していく結果になっていた。

最初から黙って人に従っていたのでは、自分の考えが間違っているかどうかを確める機会もないままに終わってしまう。自分の未熟さからの脱却は望むべくもない。

信念と頑固

自分が知っている人で自分よりも強い人にはおとなしく従う人でも、自分が知らない人ばかりの場では乱暴な言動をする人は少なくない。相手が弱者であったり自分より弱い立場に置かれていたりする人であると思ったときは、突如として我《が》を通そうとする。居丈高《いたけだか》な振る舞いをする。普段抑えつけられていて、たまった鬱憤《うっぷん》を晴らそうとしているのかもしれない。

その場その場によって、人格が一変したような振る舞いをする。多重人格であると決めつけられても仕方がない。内弁慶《うちべんけい》の逆で「外弁慶」とでもいうべき人である。いつでもどこでも、またどんな人に対しても、臆《おく》するところなく自信をもって自分自身を出していく人にならなくてはならない。

場面によって自分の姿勢が変わるのは、自分自身の考え方や能力を信じていないからである。常日頃、自分の考え方を客観的にチェックしたうえで、自分にできることとできないことをきちんと知っておく必要がある。

自己という人格を確立しておかないと、摑みどころがないので、人が真剣につきあってくれる相手にはなれない。皆から敬遠される羽目になって、自分の世界は狭《せば》まっていくばかりだ。

人格に統一性があって、自分の信念に従って振る舞う必要がある。雑音に惑わされないで、どこまでもわが道を行く姿勢を堅持していく。だが、まったく人のいうことに耳を貸さないという頑固さは行きすぎである。一見したところ雑音のように聞こえる声の中にも、正鵠《せいこく》を射《い》ているものもある。常に心をオープンにして、先入観を排して聞き取らなくてはならない。

意地を突っ張るようなことがあってはならない。すべてにフレキシブルに対応していって、いいものであったらすぐに取り入れて自分の糧《かて》にする。そのようなバランス感覚を働かせることも忘れてはならない。それは、特に乱れの激しい現在の世の中にあっては必要な羅針盤《らしんばん》のようなものだ。

場当たりは幼児性の表れ

無計画であるといわれている人でも、先行きに対しては少なくとも、ぼんやりとではあれ見当ぐらいはつけている。すべてこれまでと同じような経過を辿《たど》っていくから大丈夫だろうと考えている人もいれば、何か突発的なことが起こったら、そのときはそのときに考えればいいだろうと高《たか》をくっている人もいるだろう。その一方では、いろいろと取り越し苦労をして、悩んでばかりの人もいる。

いずれにしても、何か思いがけないことが起こったら、具体的な対処方法を考えていないので、とまどい慌《あわ》てる羽目になる。それが起こってきた原因や経過について、本人としては考えたこともなかったので、頭の中は混乱状態に陥《おちい》ってしまう。

計画性もなければ深い思慮もないので、思いついたままに場当たり的に対処するほかない。即断即決即行はするのであるが、応急措置的なことしかできないので、問題の解決にまでは至らない。逆に問題が大きくなったり、連鎖的に歓迎されない事態に発展していったりすることも稀《まれ》ではない。

二〇一一年三月十一日に起こった東日本大震災に際して、関係する当局や企業の取った措置は、そのいい例である。

特に、地震や津波によって誘発されて起こった原子力発電所の事故に対する対応の仕方は、日本人、ひいては世界の人々の心胆《しんたん》を寒からしめた。というよりも凍らせたといったほうがいい。その凍結状態はいまだに続いている。

関係者は「想定外」という言葉を使って、責任の回避を図《はか》っている。だが、想定しなかったり想定できなかったりしたのは、関係する責任者や専門家としては、役目を果たしていなかった証拠である。時代がかった言い回しをすれば、「切腹もの」だ。

また、壊滅的な結果になるのを防ぐために企業が取った措置は、すべて場当たり的なものだった。水を注入するのに手間取ったが、それができたかと思ったら今度は汚染水の処理だ。最後に残るであろう汚染物質は、どのようにして処分するのか、まったく見当がついていない。次から次へと難題が持ち上がっているが、その都度目の前にある問題を片づけるのが精一杯である。一難去って、また一難だ。どこまで行っても、泥沼から抜け出すことはできないようである。

だが、その事実さえも明確に示そうとはしていない。ただ単に場当たり的な作業を一所懸命にしているところを見せて、お茶を濁《にご》し責任を逃れようとしているだけだ。

「下手《へた》の対応休むに似たり」である。なんとかその場を切り抜けようとして、深い思慮や計画性のない対応をしているのは、休んで何もしないでいるのと同じようなものだ。というよりも、さらに事態を悪化させているので、逆にマイナスの結果をもたらす危険性さえある。

お願いだから何もしないで

間違ったことをしたときの代償は大きい。ちょっとしたミスであっても、そこから派生的かつ連鎖的に不都合なことが起こることがある。そうなると、その後始末には多大のエネルギーと金が必要となってくる。元の状態に戻す必要があるときは、流れに逆行するかたちとなるので、余分な時間がかかってくる。

よくいわれる笑い話がある。何かに手を出すと間違いばかり仕出かす社員に対して、上司がいう。「お願いだから何もしないでじっとしていてくれ。給料はきちんと払ってやるから」と。だが、笑い話だからといって単に笑い飛ばしたり、実際には働かない人に給料を支払うようなことはないといって一笑に付《ふ》したりしてはいけない。

その意味をよく考えて味わってみれば、そこに価値のある教訓が隠されていることがわかる。仕事の場においては、一人のちょっとした間違いが組織全体に対して大きな損害を与えて皆の迷惑になる点を指摘している。そのことについて、皆の注意を喚起して、慎重にも慎重を期して事を運ぶ重要性を強調しているのだ。

自分の一挙手一投足《いっきょしゅいっとうそく》が、ほかの人や組織に対してどのような影響を与えるかについて、常に考える習慣をつけておく。企業の中における大きなプロジェクトの場合には、現状を分析したうえで綿密な計画を策定する。そのような作業をした後でないと、実行へ向かっての一歩を踏み出すことはない。

仕事の場であれ私的な生活の場であれ、計画を立てたうえで実行するという順序は踏んでいるはずだ。日常業務的なことや慣れた作業の場合には、計画の段階が瞬間的になされているだけである。

行き当たりばったりに行動しているように見えるときでも、頭の中ではさまざまなことを想定したうえで心の準備はしている。それが大人であり、それができていないのは幼児性からの脱却がなされていない証拠である。

利を求めると不祥事になる

ビジネスの世界における不祥事が絶えることはない。連日のようにメディアで話題となり画面や紙面を賑《にぎ》わせている。その原因を次々に追及していってみると、最後にはまずは間違いなく「利の追求」に突き当たる。

もちろん、企業であれ個人であれ利は必要である。どこかで利を手に入れなかったら、生存そのものが脅《おびや》かされる。だが、その利を必要以上に、またはほかの人や組織の利を害してまで得ようとするところから問題が生じる。利は皆と分け合うものである。それを忘れると、いろいろな軋轢《あつれき》があちこちで生じてくる。

また、利を求めるあまり、法を犯すことまでも平気になる人や組織が出てくる。たとえ短期間であっても犯罪が放置されていたら、人々の法に対する意識が薄れてくる。そのうちにその空気が蔓延《まんえん》してくると、社会は無法状態の様相を呈《てい》してくる。皆が慣れてくるので、良心の呵責《かしゃく》などもも吹っ飛んでしまうのだ。

自分の権力や暴力を武器にして、好き放題に自分の欲を満足させて利をむさぼろうとする輩《やから》が増えてくる。最近は影を潜《ひそ》めたが、昔はアメリカの西部劇映画が全盛を極めたことがあった。西部の開拓時代に、悪者が銃を持って暴れ回り、善良なる人々を苦しめる筋書きである。そのほとんどは、最後に英雄が悪漢を滅ぼしてハッピーエンドとなる。

最近の世界における政治や経済の動向を見ていると、西部劇の舞台となっている無法地帯の様相を呈している。力のある国や企業がわがままに暴れて、力のない人たちを抑えつけようとしている。戦争についても、正義という名目を掲《かか》げてはいても、実際にはその力の限りを尽くして自国のみの利益を図っている。

その強大国の中にあっても、多くの善良なる市民の利益はないがしろにされ、一部の権力者のみが自分のエゴを満足させている結果になっている。正義という錦《にしき》の御旗《みはた》を振りかざしているが、その意味を自分の都合がいいように解釈して、人々の目をくらまそうとしているのだ。

悪の要素は叩きのめす

そもそも正義とは、人間が人間として行うべき道である。道理や法に適《かな》ったものであるから、善良な人たちに迷惑を掛けたり嫌な思いをさせたりするものであってはならない。理想的には、悪の要素が少しでもあったら、疑問視する必要がある。必要悪という隠れみので覆《おお》うことも許されない。

もちろん、人によって考え方や事情も異なるので、実際には万人にとって都合のいい社会を実現するのは不可能である。だが、少なくとも皆の許容範囲に収まるように、最大公約数を狙って努力をする必要がある。それは人の上に立つ者のみならず、人と接する機会がある者についても、心しておくべきポイントだ。

悪は容赦《ようしゃ》しないで撲滅《ぼくめつ》しようとする、現代の西部劇のヒーローが出現してくるのが切に望まれる。それには、社会の中にいる一人ひとりが、悪を嫌悪して厳しく排斥《はいせき》しようとする意識を抱くことが必要だ。相手が政治家であれ経済人であれ、その人気に惑わされることなく、善意の認識の有無によってその人物評価をする姿勢を堅持する。

個人的な野望ではなく、社会的な良心に従って行動する人を支持し応援していく。その考え方を政治やビジネスの場だけではなく、日常生活の中でも強く持ち続けていくことが必要だ。そこから、皆が安心して平和に生きていくことのできる社会が実現される道筋が見えてくる。

企業はビジネス戦線で生き残るために、常に利を獲得することを至上の課題としている。そこで結果を出すことを最重要視して、社員を叱咤激励《しったげきれい》し続ける。結果というものは目前にはなく、遥《はる》か彼方《かなた》に望むことができるだけだ。結果のみに焦点を当てて走っていたら、足元を見る余裕もなくなってくる。

あらゆる手段を使って結果を求めようとするので、手段の善悪について詳細に吟味《ぎんみ》することを怠《おこた》る傾向がある。気ばかり急《せ》いて先走った行動も多くなってくる。そこに、悪の要素が付け込んでくる隙《すき》が生じるのである。

企業やその中にいる人々が達成すべき本来の目的は、社会が物質的かつ精神的に豊かになって、人々が幸せになることにある。利を求めること自体も、その本来の目的を実現するための手段の一つだ。それを忘れてはならない。

結果を出そうとする努力や試みの一つひとつについて、いつも人々の幸せという最終目的との整合性をチェックする。その際に、悪の要素が発見されたら、その努力や試みは直ちに中止する。さもないと、自分自身も不幸への道を辿ることになるからだ。

善悪の区別は明快に

学業の場であれ仕事の場であれ、ほめることによって積極的に取り組もうとする気を起こさせたり増進させたりしようとする考え方が、推奨されている。悪いことをしたり間違いを犯したりするマイナス面に焦点を当てて叱《しか》ったのでは、心を萎縮《いしゅく》させて意欲を喪失させる結果になるので、すすめられない。それよりもプラスの面を見出して、ほめたほうがいいというのだ。

確かにされる側から見ると、叱られるよりほめられるほうがいいに決まっている。気分はよくなるので、さらに前向きの姿勢になって、ほめられるようなことをしようとする結果になる。

そのような情況は、小さな子供の場合は典型的なかたちで表れる。何かいいことをしたり上手にできたりして、それを大人がほめると、子供は調子に乗って同じことを繰り返す。それは大人の場合も同様であるから、ほめることがプラスの効果をもたらすことについて、異論を唱《とな》える人はいない。だが、叱ることをできるだけ控えようとする風潮には、大きな疑問が残る。

もちろん、よくないことをしたりミスを仕出かしたりしたときは、常識のある人であれば、後悔したり反省したりしている。だが、誰もその点を指摘しなかったら、誰も気づかなかったのではないだろうか、などと考えるかもしれない。自分にとって不利な結果にならなかったので、あのくらいのことであったら大した問題ではなかったのだ、という気になる。すると、そのうちに忘れてしまう。

もし誰かに咎《とが》められていたら、自分にとって不名誉なことであるから、心の奥深くに印象づけられる。そこで、二度と同じようなことをしないようにと、自分自身に強く言い聞かせる結果になるはずだ。

善悪の区別を曖昧にしてはいけない。叱らないでほめるというのは、中途半端なやり方である。善だけを持ち上げて、悪は不問に付するのであるから、公正の原理に反する。善と悪の双方をきちんと見分けて、それぞれにふさわしい評価と対処をしなくてはならない。

やさしい人と弱い人

ほめられると嬉しい。ほめる側としても、喜んでいる人を見れば気分もいい。両者ともに幸せになれるのであるから、その点だけを考えれば、文句をつける筋合いはない。一方、叱られると嫌な気分になる。叱る側としても、マイナスの感情を抱いている人を見るのは、できるだけ避けたい。そこで、できれば叱らないでおこうとする人が多くなるのも、納得がいく。

私がサラリーマン時代の話である。隣の課に、部下に対して非常にやさしい人がいた。頻繁に間違いをする部下に対しても、怒ったり叱ったりしたのを見たことがない。間違った箇所を指摘して懇切丁寧《こんせつていねい》に説明してやるのが常であった。したがって、その部下としては懲《こ》りることなく、同じ種類の間違いを繰り返していた。

その上司は、一見したところはやさしい人であったが、部下たちの目には怖くない人として映っていただけだ。もちろん親切心があったことも否定できないが、実際には単に気が弱い人であった。自分の言動について自信がなかったようにも見えた。

人を率《ひき》いていく気力には欠けていて、ただ面倒見のいい人であるにすぎなかった。積極的な言動は見られなかったので、凡庸《ぼんよう》な人である。出世はまったく望めないので、いわゆる課長代理止まりの典型であり、実際にもそのようにして定年を迎えたと、風の便《たよ》りに聞いた。

人が嫌だと思うことであっても、その人の将来や組織のために必要であると思ったら、敢然と実行する必要がある。叱るという行為も、悪やマイナス要因があると考えたときには、相手の思惑を恐れないでしなくてはならない。

叱られて抱いた否定的な感情は、そこで緊張感へとつながっていく。そこで挫折《ざせつ》する人は、いずれにしても自分自身の感情を建設的な方向へと舵取《かじと》りをしていくことができない。向上心のある人であったら、心機一転してそこからプラス感情を沸き立たせていくはずである。

また、ほめるのがやる気を起こさせることは否定できない。だが、大したことでもないのにほめたのでは、本人にはいいとしても、周囲の人に与える影響はよくない。「あのくらいでほめられたのでは、自分はその何倍もほめられて然《しか》るべきだ」と考える人も出てくる。ここでも、公正にする必要が生じる。

いいことは、その程度にふさわしいほめ方をし、悪いことも同じようにその程度に応じた叱り方をする。アメとムチをきちんと使い分ける必要がある。さもないと、必ず悪がはびこってくる。

闇の中に前兆を見つける

今の瞬間は現実であって、自分でも実感できる。だが、それから先は未知の世界であって、あらかじめ知ることは不可能である。まさに「一寸先《いっすんさき》は闇《やみ》」なのだ。その点を深刻に考え始めたら、このうえない恐怖に襲われて、足は一歩も先へ出ていかない。

これまで生きてきた経験を基にして、これまでどおりに何とかなるだろうと考えて、勇を鼓《こ》して次の瞬間へと立ち向かっていく。もちろん、常にそのように意識しているわけではない。ただ、時どきはこの世の仕組みという原点に返って考えてみることは必要であろう。そのうえで、自分の人生の一こま一こまを進めていくのだ。

世の流れは常に変わっていく。しかしながら、自分の経験と知識、それに知恵を駆使《くし》してみれば、将来がどのように展開されていくかを予測するのは、ある程度の確率で可能である。「歴史は繰り返す」といわれている。過去に起こったことについて、その原因や経過を考察してみれば、一定の条件の下では同じような結果が招来されることが見て取れる。

起こったことや生じたものには、すべて何らかの原因がある。原因がなかったら結果はない、という因果律《いんがりつ》である。それは、すべてのことやものが原因になって、何らかの結果が生じるということにほかならない。

となれば、現在を詳しく観察していけば、未来がどうなっていくかについて、かなりの精度で見当をつけることができる。将来を見通すのに優れているといわれる人は、現状の観察と分析を綿密にして、その中で重要な原因となることを見出すのが上手な人である。

地震などの天変地異に関して、予知能力があるといわれている動物がいる。それらの災害にも必ず原因がある。その原因を「前兆」として逸早《いちはや》く察知して、逃げたり自衛をしたりする行動に移ることができるだけだ。したがって、不思議でも何でもない。

神がかり的な占い師の場合でも、相手の表情や話し方をつぶさに観察すると同時に、生い立ちや現在の立場などの背景を聞き出そうとする。そのうえで総合的な判断を下したり、先行きについての予言をしたりする。できるだけ多くの情報を集めて、それらが原因となればどのような結果が生じるかも、だいたいは推測できる。

「当たるも八卦《はっけ》当たらぬも八卦」といわれているように、当たるかどうかは五分五分である。自分にとって都合の悪い占いであったら、気にしないで忘れてしまえばいい。だが、自分が気に入った占いであれば、信じてみればいい。そうすれば、自分が望んでいる結果に向かって、自分の気持ちが集約されていく。知らず知らずのうちに、たとえ多少ではあっても努力していくので、その望みが成就《じょうじゅ》する確率が高くなっていく。

一寸先の闇も、闇だからといって諦《あきら》めないで、知ろうとして努力する。手探りをしてみれば何かに触れることになって、見当がついたりヒントになるものが見つかったりするかもしれない。まず、自分の知力と能力を傾けて知ろうとする意欲が必要である。

見えないものを見る技術

お互いに恋い焦《こ》がれている恋人同士や、お互いに全幅の信頼を寄せ合っている夫婦の場合は、相手の心をかなりの高い精度で読み取ることができる。それは、自分の視覚、聴覚、嗅覚《きゅうかく》、味覚、触覚の五感のみならず、第六感をもフルに働かせて、相手の心の動きを推《お》し量《はか》り、それに沿うように絶え間ない努力を続けているからである。

自分では恋人であり夫婦であると思っていても、相手の心を読むことができないときは、そのような関係はかたちだけであって、基礎が不安定であるからだ。相手に対する関心が中途半端であり、愛という根本的な要素が欠如している証拠である。

関心と愛という強い感情の流れが常に二人の間を潤沢《じゅんたく》に流れているときは、心と心とが密接に連絡し合っている。そのチャンネルを通して、中身の濃いコミュニケーションが図られているのだ。

これからの社会の動向についても、その流れに対して重大な関心を抱いて緻密な観察を続けていれば、その方向性を読むことができる。ただメディアの報道を鵜《う》呑《の》みにして知識だけ集めていたのでは駄目だ。自分なりの見識を築き上げたうえで、自分自身で考えていかなくてはならない。

いくつかの先行指標となる現象や人々の考え方の傾向を自分自身で把握しようと努める。社会に広く目を見開いて、重要な要素を拾い出して、それらに自分の洞察力をぶつけて考察をする。ただ単に広く観察するだけではなく、その要素の一つひとつを深く考察していくのだ。いわば「拡散的集中力」を発揮《はっき》するのだが、そこから未来への道筋のかたちが見えてくるようになる。

上司の任命責任

何か新しいプロジェクトが持ち上がったとき、上司は誰に担当させようかと考える。その仕事に適した能力のある人を選ぶために、さまざまな要素を一つひとつ検討して候補者を決める。たとえ直観的に白羽《しらは》の矢《や》を立てたように見えるときであっても、瞬間的にではあるが、熟慮に近いプロセスを経たうえでの判断をしている。

その仕事がうまくいくかいかないかによって、自分自身の成績や評価が決まってくるので、上司としても真剣にならざるをえない。いうなれば伊達《だて》や粋狂《すいきょう》で上司面《づら》をしているのではない。大袈裟《おおげさ》にいえば、自分の下す判断や決定の一つひとつに、自分の首が掛かっているのだ。

選ばれた部下としては、上司が自分に能力のあることを認めて任せようとしているのであるから、その信頼に応えるために引き受けるのが順当な考え方である。自分自身で考えて苦手な分野であるとか難しそうであるとか思っても、気が進まない様子を見せたりしてはいけない。即座に快諾をする。失敗を恐れてためらうなどというのは、以《もっ》ての外《ほか》である。

自分より大所高所に位置している上司が遂行《すいこう》可能であると判断したのであるから、それは信用していい。できないことをさせて部下が失敗するのを見て喜ぼうとするような意地悪な上司はいないはずだ。部下の失敗は上司の失敗であるからだ。政治の場でよく問題になる「任命責任」

は、ビジネスの場における上司にもある。

そもそも自分にとって難しいと思われることをする羽目になったときは、自分の実力を発揮したり一段と自分の向上を図ったりするチャンスだ。幸運の女神が、まだ微笑《ほほえ》むところまでは行っていないが、ちょっと自分のほうに目を向けてくれたときだ。その機会を逃してはならない。

全力を尽くしてみれば、たとえ目指した結果は出なかったときでも、その努力は上司や周囲の人たちが見ている。また、その努力をする過程の中で、新たな経験をする。それは自分にとっての貴重な資産が増えたということでもある。

目の前の運は摑み取る

打診というかたちであれ指示というかたちであれ、上司から要求があったときに、自分はその器《うつわ》ではないからといって、ほかの人にいってくれるようにという人がいる。自分に遂行する自信がないからであったり、謙譲《けんじょう》の美徳を発揮したりするときだ。しかし、これはルールに反する行為であって、上司に対してもきわめて礼を失することになる。

誰を指名するかについての権限は上司にある。したがって、名指しをするのであれ誰かほかの人というい方をするのであれ、それは明らかな越権行為である。分をわきまえていない姿勢である、というほかない。皮肉屋の上司であったら、「では君が指名して実行させて、その全責任を取ってくれ」などというかもしれない。

人を押し退《お》《の》けてまで出しゃばってチャンスを摑もうとすれば、足を引っ張られて邪魔をされる場合もある。だが、チャンスのほうが自分に向かってきたときは、そこで腕をこまぬいていてはいけない。しっかりと自分のものにして、そのチャンスの芽を大きくするべく全力投球をする。

チャンスの到来をただ待っているだけではいけない。「果報は寝て待て」といわれているが、ただ寝るだけではなく、勉強をするなどして用意周到にしておく必要がある。さもないと、せっかく自分のほうにやってきたチャンスも、より態勢の整っているほかの人のところに飛んで行ってしまう可能性がある。

「運は天にあり」といわれて、人の運は人の力ではどうすることもできない。だが、運のいくつかは自分には当たってこないまでも、近くにやってきたりはしているはずだ。それを確実に自分のものにするためには、常に目を見開いている必要がある。

また、この世の大原則である「因果応報《いんがおうほう》」ということを忘れてはならない。善の原因に対しては善の結果がもたらされ、悪の原因に対しては悪の結果がもたらされる。したがって、善の結果を出そうと思ったら、善を実行する必要がある。

「風が吹けば桶屋《おけや》が儲《もう》かる」ように、因果関係が巡り巡って意外な結果になる場合もある。だが、いい結果へとつながっていく原因には、どこかに善の要素が入っている。善の要素が数多く集積されていけば、善の結果が生じる確率がきわめて高いことは、経験則上でも統計学上でもいえることだ。

「情けは人の為《ため》ならず」であって、人の為になることをしていれば、いつかは巡り巡って自分自身にもいい結果がもたらされる。それが自分の運気の一つであり、それは自分が呼び寄せたものにほかならない。

きれいな金、汚い金

人の品格や人格は金とは関係ない。しかしながら、金の扱い方によってその人となりの片鱗、というよりも全容が見えてくる。まずは、金の手に入れ方である。汗水たらして真面目に働き、その結果金を手にしようとする人は、人格高潔な人である。一方で、小細工を弄《ろう》したり人を欺《あざむ》くに近い手段を使ったりして金を儲けようとする人は、人間としては程度の低い人であるといわざるをえない。

前者が稼いだ金はきれいな金であり、後者が儲けた金は汚い金である。その区別は金を見ただけではわからないが、その人とつきあいがある人にはわかっている。

一般的には、金の手に入れ方によって、その使い方もある程度は決まってくる。苦労して入ってきた金は大切に使うし、あぶく銭の場合は、多少は粗末に扱う傾向がある。「悪銭《あくせん》身に付かず」といわれている所以だ。有り難みが少ないのだ。

しかしながら、金の使い方については、自分が持っている金額の多寡《たか》に縛られていると、自分の品格を落とす場合があるので注意を要する。出すべき金は出し、出してはいけない金は出さないという原則を忘れてはならない。すなわち、ケチをしてはいけないのである。

たとえば極端な場合であるが、支払うべき義務のある税金などは、期日までに支払うのは当然である。万一、手許に金がないときは、きちんと当局にその旨《むね》をいって、然るべき処置を講じたり講じてもらったりする。とにかく、ありのままを正直に述べて、公明な姿勢に徹する必要がある。

ましてや、金があるにもかかわらず税金を支払おうとしないのは、ごまかして納めないのであるから、明らかに「脱税」である。ところが、脱税を軽く考えて、それに対しては罪の意識が希薄、というよりもまったくない人が少なくない。

当局に指摘されたり摘発されたりしても、知らなかったとか、うっかりしていたとか、さらには偉そうに見解に相違があったとかいって、平気な顔をしている。ごまかそうとする積極的な意思はなかったというのだ。

もちろん、節税をしようと思っていたが、税法上の細則などに従って申告漏れであるとされる場合もある。だが、特に高額所得者の場合、正々堂々と申告をするべきであろう。過少申告をするよりも、怪《あや》しいと思われることがあれば自分に不利なように考えて、過大申告をするくらいの心掛けが望ましい。そうすれば、どこへ出て行っても胸を張っていることができるはずだ。

脱税をして払わないで済んだ金は不正な金である。不正な金を所持している人は、善悪のどちらに分類するかといったら、悪人のカテゴリーに入るはずだ。したがって、品格とか人格とかを論ずる範囲外に属する人であって、善良なる市民でないことは明らかであろう。

地位は背負うもの

分をわきまえるというとき、普通は自分の分を超えて差し出がましいことをする人を戒《いまし》める意味に使われる。すなわち、社会や自分が属する組織の中で自分が占めている位置や地位から出すぎた言動をしてはいけないというのだ。

だが同時に、自分の分にも達しないような言動をするのも問題となる。自分の身分や地位を大切にして維持し、さらにはもっと高めようと思ったら、それにふさわしい振る舞いに徹しなくてはならない。なすべき務《つと》めも果たせないようであったら、自分で自分の「格下げ」を表明するにも等しい結果となる。自分の分に恥じないようにすることを忘れてはならない。

ノブレス・オブリージュというフランス語の表現がある。貴族の身分に伴う道義上の義務という意味であるが、身分の高い者はその身分にふさわしい振る舞いをしなくてはならない、というのである。もちろん、昔の貴族は一般の人たちの働きによって支えられていたのであるから、それに対するお返しとしては当然の務めである。さもないと、世の公正や衡平《こうへい》は保たれない。

自分が社会構造の中で上の位置を占めれば占めるほど、人よりも多くの負担をしたり人のために尽くしたりする必要があることを、常に強く意識する。そのうえで自分にできることを実行に移していくのである。

要は、自分の欲に振り回されて欲の深い行為に走らないことだ。自分の欲を広い視点に立って深く分析していってみる。すると、その欲に目がくらんで、物事を素直に見ることができなかった事実が明らかになってくる。自分の置かれている立場と環境をよく考えて、その中で自分のグレードを上げていくことに主眼を置いてみれば、誰が見てもすっきりとした生き方になっていくはずだ。

第二章　組織や肩書きから自由になる

組織の中で自分の足で立つ

教育の場であれビジネスの場であれ、人に頼らないで自分自身で考えて行動することが推奨《すいしょう》されている。ところが、組織はもちろん非公式なグループでも、その一員としての立場を続けていこうと思ったら、一定の行動様式を順守することが要求される。

特にその集団に参加したばかりのときは、その集団独自のルールを教えられ、少なくとも心理的にはそれに従うようになる。さらに少し慣れてくると、そこにさまざまな不文律《ふぶんりつ》があることに気づく。皆が何となく行っている手順にも一定のパターンがあり、それに従わないと物事は一向に前に進んではいかない。

最初はちょっと抵抗を感じても、いろいろな経緯や事情があるに違いないと思って、それらに従っていく。すると、そのうちに習《なら》い性《せい》となって、すべて自分のしていることは当たり前だと思って、何ら疑問を抱かなくなってしまう。企業であれば、そこで一人の「会社人間」の出来上がりである。

会社のいうことをそのまま受け入れて従ってくれるのであるから、会社としては都合がいい。統率が取りやすいので、全社一丸となって同じ方向へと進んでいくことができる。ただ、企業が間違った考え方をして、よくない方向へ向かっていても、チェック機能が働かない危険性があるので注意を要する。

すべて最初が肝心である。企業に入ってきたばかりの人は、広い外の世界からやってきたのであるから、先入観もなく広く平らな心で見ることができる。まさにフレッシュマンなのだ。その人たちに会社の第一印象と忌憚《きたん》のない意見をいってもらうのだ。それを素直に聞いてみれば、会社が軌道修正《きどうしゅうせい》を必要とするかどうかもすぐにわかる。

会社の色に染まってからでは遅い。外部からのコンサルタントに企業診断をしてもらって高い料金を支払うよりも、ずっと効果的である。自分がこれから働いていこうとする会社であるから、自分のものになるであろうと思っている。そこで愛着もあるので、親身になって真剣に考えるはずだ。十分に新風を吹き込んでくれる可能性のある人たちである。

新人としても、自分の感想や意見を聞いてくれるのは、自分を人格のある一人前の人間として認めてくれている証拠であるから、それだけ企業に対する信頼感も増してくる。それは会社と自分の強い結束へとつながっていく。また、自分の独自性を尊重してくれることも確認できるので、自分の個性をさらに磨《みが》く意欲を固める結果にもなる。

満場一致は「うそつき集団」

このようにして成長していく人は、会社のためを思って懸命に働くという意味では立派な会社人間である。だが、やみくもに会社の意向や命令に従うことはない。会社のいいなりにならないので、一見したところでは異色であり型破りである。しかし、常に会社が正しい道を進んでいくことを目指しているので、会社にとって欠くべからざる人になる。

最近は企業で不祥事が起こると、すぐ皆が口にする言葉に、コーポレート・ガバナンスというのがある。企業統治と訳されているが、取締役会が経営についての意思決定をすると同時に、経営者の活動を監督することだ。だが、実際にはその監督と業務の執行がきちんと分離されていないので、問題が次々と起こっている。

企業統治のようなシステムが必要なのは、経営陣や社員の一人ひとりに確固たる信念がないからである。正邪の区別という簡単なこともできない人たちばかりであったら、不祥事は常に起こりうる。目先の利益だけ追ったり、自分の保身を図《はか》ったりしていると、自分の組織が向かっていっている方向を見極める力もなくなってくる。

また、経営陣が一糸乱れず一体となって同じ方向に進んでいるときは、警戒してみる必要がある。十人十色といわれているように、ものの見方や考え方は皆それぞれに異なっている。したがって、あまり議論もしないで満場一致になるときは、誰かが自分の考え方を正直に述べていない。皆がうそをついているかもしれない。「うそつき集団」である可能性もある。

反対意見が出なかったら、そのときは結論を出さないというくらいの荒療治的な手法も必要であろう。組織の中では皆がルールに従わなくてはならない。だが、そのルールも理不尽なものであったり正義に反していたりしたら、さっそく修正する必要がある。

公正や道理、それに正義などの枠内にある限りは、独立独歩の精神を堅持する人を尊重する。その最たる者は一匹狼である。一匹狼的な人が多くて、その人たちを上手に束《たば》ねていく人がいる組織は盤石《ばんじゃく》である。そこでは、一人ひとりが自らを厳しいガバナンスの下に置いているはずだからだ。

奴隷化する現代人

雇用に安定を求めるのは、今も昔も変わらない。ただ、最近は雇用状勢が厳しいので、いったん就職したら何とかしてくっついて離れまいとする傾向が顕著に見られる。

企業、といっても上司であるが、それに絶対服従を誓っている。自主性を抑えつけられても、何ら抵抗はしない。そのようにしてこき使われているのを見ると、昔の奴隷《どれい》とあまり変わりはないようだ。

中には、世界を股《また》に掛けて忙しく飛び回っている人もいる。表向きは颯爽《さっそう》として行動しているようである。時差のあるところを航空機に乗って移動していても、機上ではパソコンを開いて忙しくしている。これほどまでに働き続けていなくては、仕事ができないのであろうか。

人より少しでも早く、少しでも多くの、少しでもいい結果を出そうとしている。過酷な労働条件の下で休みなく働かされ、心身ともにボロボロになった人たちの話が、昔は語られていた。いわゆる「女工哀史《あいし》」などである。だが、それに優《まさ》るとも劣らない哀話が、現代でもあちこちで展開されている。

食べるものには困らず、というよりも美食をする機会に恵まれることも少なくない。だがそれも、ゆったりとした気分で家族や親友と和気藹々《わきあいあい》とした雰囲気の中で楽しむのは非常に稀《まれ》である。たいていは、ビジネスが絡《から》まっているので、油断なく気を引き締めて臨まなくてはならない。食べ物や飲み物の消化によくないことは明らかだ。

身につけるものも、清潔で自分の好みに合ったスーツなどである。男性であれ女性であれ、ファッション雑誌のページから抜け出てきたような人さえいる。仕事の場や家庭、それに交通機関の中にあっても、冬は暖房で夏は冷房と至れり尽くせりの快適な環境になっている。物理的には、昔に比べると文句のつけようがない。

しかしながら、特に仕事の世界では、経営陣にいる上の人たちから末端で働いている下の人たちまで、がんじがらめの状態に置かれている。精神的には四六時中束縛《そくばく》されていて、実際には行動の自由までも奪われているのである。

心の自由を確保する

なぜ、このようになったのであろうか。その点について、自分自身で真剣に考えてみる必要がある。さもないと、この激流ともいうべき世の勢いに巻き込まれ押し流されたままになって、「労働地獄」の中を右往左往《うおうさおう》して一生を終える結果になるかもしれない。

昔に比べると、物質的な繁栄が進んでいくスピードが猛烈に速い。それは物質的には進歩といえるかもしれない。だが、人間的で心豊かな幸せという観点に立ってみれば、望ましい方向に進んではいないので、言葉の定義からも「進歩」とはいえないのではないか。逆に、「退歩」であると考えたほうがよさそうだ。

物質的な繁栄のスピードに人々の心がついていけない、といってもいい。その点におけるミスマッチが問題なのである。さまざまな通信機器の爆発的な発展と普及が、情報のスピード化と氾《はん》濫《らん》を一気に促《うなが》した。

たとえば、携帯電話一つの普及と高度化によっても、人と人とのつきあい方にかなりの変化を来《きた》した。機械を通しての無機質な色彩の強いコミュニケーションは、簡便にできるだけに、人間味をないがしろにしたものになる傾向がある。その結果は、「文化革命」ともいうべき急激な、人間関係の変化だ。

とにかく、情報のスピード化によって、のんびりと仕事をしていることはできなくなった。皆が我勝《われが》ちに結果を出そうとして競い合う。その時代の流れに乗らなかったら、ほかの人や組織にしてやられてしまう。いうなれば、科学の発達による最新化によって、皆が否応《いやおう》なしに過当競争の渦《うず》の中に巻き込まれたのである。

昔の終身雇用や年功序列の制度には、確かに不合理なところが多々あった。だが、それなりに割り切って考えたり観念してみたりすれば、その先には比較的平和な世界が開けてきていた。少なくとも、こまねずみのように同じところを走り回って、その愚《ぐ》に気づかないというような真似はしなくても済んだ。

現在の自分が置かれている環境や立場を、冷静になって客観的に眺《なが》めてみる。そのうえで、やはり現状のままを繰り返す以外に方法はないという判断になったら、それはそれで諦《あきら》めてみればいい。ただ少なくとも現在の自分を客観的に観察したことで、心には自主性が芽生えている。現状から勇敢にも脱出できる糸口が見つかれば、その道を辿《たど》っていく。いずれにしても、自分をよく知れば、心には余裕ができる。そこから精神的に自由になる道が開けてくるはずである。

大企業と個人、どちらを取るか

私に全幅の信頼を寄せて、私のいうことは全面的に信用する人がいた。三十年くらい前の話である。そのときは将来の経済やビジネスの動向について、会話を交わしていた。あらゆる分野において市場開放の波が押し寄せてくるので、日本の企業も大きく変わっていくだろう、という考え方を述べていた。

その時点で存在している日本の大企業も、そのいくつかはなくなったり、少なくとも看板を変える羽目になったりするだろう、という予測である。大銀行もほとんどは名前が変わるはずだといったのに対して、相手は「そんなことはありえない」といった。

そこで私は唐突な質問であったが、「私と大銀行のどちらを信用するのか」と聞いたのである。それに対して、相手は小さい声であったが、きっぱりと「大銀行」と答えた。もちろん、常識的には当然の考え方だ。都心の立地条件のいい場所のあちこちに看板を出して営業をしている。

銀行は信用が売り物で、そこで働く人たちも堅実をモットーにしている。一方、私はといえば、独立してビジネスコンサルタント業を始めて十年くらいのころである。ようやく仕事も軌道に乗りかかった程度で、吹けば飛ぶような存在でしかない。銀行と私を比較すること自体がおかしいといわれても、仕方がないくらいだ。

だが、私には終始一貫した信念があり、自分自身をどこまでも大切にしていこうとする考え方は変わらない。一方、銀行は利益を追求する企業である。利がなくなりそうであったり、もっと多くの利が欲しいと思ったら、方針を一変することもいとわない。私としては、その違いを強調したかったのだ。

その後の情況は周知のとおりである。そのころの大銀行で、そのままのかたちで残っているところは一行もない。破綻《はたん》を来した銀行さえある。存続をしている銀行であるといっても、合併や吸収によって、名称が変わっている。新たな名称になったところもあれば、合併して元の名称をつなぎ合わせて長い名称にしたところもある。

消費者向けに商品の販売やサービスの提供をしている企業の社名ないしはブランド名は、短くて覚えやすいのにするのが原則だ。それにもかかわらず、自分の元の名称を何とかして残そうとするので、長い名称になる。しかも、つなぎ合わせた名称の順序が、日本語と英語とでは逆になっている。お互いに対等の立場で合併した様子を装《よそお》って、それぞれ元の銀行の顔を立てているのだ。まさに顧客不在の姿勢であって、私たちの頭を混乱させる結果になっている。

いずれにしても、合併をしたということは、常識的な一般の人たちの考え方に従えば、元の企業は「なくなった」ということである。企業側の言い分では、発展的に成長していったのである、というかもしれない。だが、それは詭弁《きべん》であるという議論も成り立つはずである。合併して「新」会社として発足するのであるから、法人格に性格的な変化があったと解していいだろう。

企業に教養はあるか

個人の場合には、勉強をして経験を重ねることによって、人格的にも成長していく。だが、多重人格の人などでない限りは、性格的にも同一性を保っている。アイデンティティーはまったく変わらない。そこで、よく知っている個人と組織とどちらを信用するかといわれたら、私の答えは個人になるのだ。少なくとも裏切られることはないからである。

個人の場合は、何をいっても何をしても、最後には自分自身が責任を取らざるをえない。たとえずるい人であって言い訳をしたり逃げたりすることはあっても、本人は自分が悪いことを知っている。その「自覚」があるという点に救いがある。

特に正しい生き方をしようと常に心掛ける人は、できるだけ人格を高潔に保って一貫した姿勢を続けようと努力する。人から後ろ指を指されただけでも不名誉であると考えている。いったん人の道にもとるようなことをしたら、その「罪」は一生負い続けていこうとする。恥を知っているのである。

一方で企業について見ると、悪いことをして発覚したら、その中にいる誰かを人身御供《ひとみごくう》として差し出して片をつけようとする。もちろん、法的にも企業自体が罰せられることはあるが、通常は中のこまを入れ替えて、いとも簡単に再出発をしようとする。体質が腐っていても性懲《しょうこ》りもなく大道を闊歩《かっぽ》している。

企業はかたちがあるようで、いざとなると摑《つか》みどころがない。責任を取るべき立場におかれたら、中にいる人たち全員を含めて「企業ぐるみ」で謝罪し償《つぐな》いをする心構えが必要である。それができないような企業は、恥を知らない烏合《うごう》の衆《しゅう》であるといっていい。企業には教養がないようだ。

無から舌禍は生じない

政治の世界で表舞台に立つ人に、舌禍《ぜっか》を招いた結果で失脚する例が跡を絶たない。間違ったことや人の感情を害することをいったために、集中的に非難の的《まと》にされる。当人は問題の発言を撤回するとか本意ではなかったとかいって、弁明にこれ努める。平身低頭して許しを乞《こ》うが、一度燃え盛った火はすぐには消えない。逆に火に油を注《そそ》ぐ結果にもなって、収まることはない。

何秒かの間に口を突いて出た言葉によって、それまでの何日間、何ヵ月間、いや何年間、何十年間にわたって積み重ねてきた努力が、一瞬にして水泡に帰してしまう。まさに「口は禍《わざわ》いの門」なのである。

一度いってしまったことは、取り返しがつかない。たとえ訂正して相手が納得してくれたとしても、きれいさっぱりと忘れてくれることはない。いわば厳然たる事実として記憶に残ってしまう。いったん公《おおやけ》になったことは歴史の一こまとして、印刷したりメモ書きしたりした紙の上やインターネット上に記録されている。歴史は塗《ぬ》り変えることはできないということを忘れてはならない。

また、よく誤解であるといって言い訳をしようとする人がいるが、それでは誤解する側の人の理解力が不足しているといって責めるにも等しい。悪いのは誤解を招いた自分のほうである。言葉が足りなかったり表現の仕方が間違っていたりしたのであるから、その責任は全面的に自分が負わなくてはならない。

そのような言い訳も、相手が受け入れてくれなかったら、万事休すである。いさぎよく罪に服する。せめてそのような姿勢を取って、後悔と恭順《きょうじゅん》の意を示すのである。そこで、さらに同じ言い訳を繰り返したり、もっと罪を減じてもらおうとして新たな言い訳を付け加えたりするのは、見苦しい。

さらなる悪印象を植えつけることになって、その舌禍に対する相手の記憶を強化するのに役立つだけだ。逆効果である。ちょっとずるい考え方でもあるが、言い訳などして問題を長引かせないで、早く全責任を負って謝罪をして、すぐに罪に服す。そのようにして人々の記憶が薄れるのを待つほうが「得策」でもあろう。「人の噂も七十五日」であるからだ。

心にもないことをいった、という謝り方もよくない。それは自分がうそをついている証拠であるから、罪一等を減じてもらおうとした言い訳が、逆に罪一等を付け加える結果になる。心の中で考えているからこそ、自然に言葉となって表れるのである。無から有は生じないという真理を考えれば、明らかであろう。心の中になかったら、口に出てくるはずがない。

言行不一致は下品

自分の身の安全を図ろうと思ったら、口を慎《つつし》む。「雉子《きじ》も鳴かずば打たれまい」といわれているように、余計なことをいったら、災《わざわ》いを招く確率は高くなる。ここでも、「沈黙は金」なのだ。べらべらしゃべる人は軽く見られるが、黙っている人は品のいい人だと思われる。

しかし、だからといってだんまりを決めこんだのでは、自分の意見を持たない優柔不断の人であると思われる。とくに人の上に立つ人の場合は、適宜《てきぎ》適切に情況を説明したり自分の考えを示す必要がある。さもないと、何らの見識もない人であると考えられて、人がついてこなくなる。

「言葉多きは品少なし」であれば、「言葉少なきは品あり」ということが、一応はいえる。だが、実際には言葉が少ないと、その人に品があるかどうかを判断する材料が欠けているだけである。すなわち、言葉が少ないのは猫をかぶっているだけの可能性もある。やはり、必要なことについては口を開き、不必要なことは口にしないという節度が必要だ。そのバランスのよさが品のある人の条件である。

また、いったん口に出した以上は、その言葉に責任を持つ。言葉は約束である。自分がするといったことは実行する。小さい子供のころから教えられた、この簡単なことを守ることができない人が多すぎる。言行不一致は自分の品性を下げ、人から信頼されなくなる理由の最たるものである。

小さな約束ほど必ず実行に移す必要がある。自分ではそのときの調子や流れで口を突いて出た外交辞令的な言葉でも、いった以上は必ず実行する。たとえば、「こんど一度食事にお誘いしましょう」といった類いの言葉だ。相手が自分に関心を抱いている人であったら、歓迎すべき約束として解釈する。だが、その次に会う機会があったときも、その約束について知らん顔をしていたら、相手はがっかりすると同時に、口先だけの調子のいい人であるとの評価を下してしまう。信頼できない人のカテゴリーに仕分けされる結果になるのだ。

肩書きでものをいわない

個人の尊厳については、その程度が人によって違うことはない。日本国憲法においても「すべて国民は、個人として尊重される」と明記されている。人と接するときは、この大原則を常に心に銘記《めいき》しておかなくてはならない。とはいっても、つい日々一緒にいる人とは、よくも悪くも馴《な》れ合いになってルーズな接し方になっている。また初対面の人に対しては、見掛けや地位によって勝手に判断して、同じ人間であることを忘れてしまう傾向がある。

そのような過《あやま》ちを犯さないためには、時どきでいいから、自分の言動を反省してこの世の大原則に従っているかどうかを考えてみる。それが頻繁にできればできるほど、その人の生き方は美しいものになり、人々が模範とするところとなる。

反省して自分の考え方や行動を矯正する重要性は誰もが認めているが、それを時どきであっても実行している人は極めて少ないのが実状だ。たいていは、意識的であれ無意識のうちにであれ、もうしてしまったことは仕方がないと考えて、振り返ってみようとはしない。何か嫌であったり不利になったりしたことがあったときに、そのようなことが二度と起こらないようにと、考えを巡らせてみる程度である。

反省することによってどれだけ自分の日々の生活、延《ひ》いては人生がよりよいものになるかという点を考えれば、反省に励《はげ》むことの重要性と利点が理解できるはずだ。一日一善ならぬ「一日一省」を励行《れいこう》すれば、人生の質はもっと向上する。

さて、人とつきあったり接したりするときの姿勢の問題である。人はすべて対等であるという点さえ忘れなかったら、人間関係はすべてスムーズに進行していく。具体的な心構えとしては、身分や地位に関して自分より下に位置すると見えたり思ったりする人に対しても、礼儀正しく相対することだ。相手を見くびって尊大に構えたりしてはならない。

知らない人に接するとき、どんな人かを判断する第一の材料は、まずは見掛けである。人を外から見た様子だけで判断してはいけないのであるが、実際にはその判断が的確である確率はかなり高い。忙しくて時間がないときにインスタントな対応をする場合の手段としては、かなり有効であることも確かだ。

しかしながら、人間関係に重点を置くときには、当たらない確率も無視できないので、見掛けに頼るのはかなり危険である。やはり見掛けによる先入観はできるだけ排して、相手は自分と同じ人間であるという視点に立ったうえで、人間関係を樹立していこうとする姿勢を失ってはならない。

実力がないと誇示したがる

相手が目下であったり自分より下の地位にあったりするのがわかった後でも、軽んじるような言動はしない。あまり親しくならないうちから相手を見下すような言葉を使ったり、あごで使うような態度をしたりするのは、よくない。もし自分のほうが相手よりも偉いのであったら、ことさらに偉ぶった言動をする必要はない。にもかかわらずそのようにするのは、一種のインフェリオリティー・コンプレックスの表れである。自分に実力が伴っていないから、それを誇示《こじ》する必要があるのだ。

「能ある鷹は爪隠す」で、実力があれば謙虚に構えて、それを見せびらかさなくてもいい。才能がないからこそ才能があるかのように振る舞ったり、力がないからこそ人を脅《おど》すかのような言動をするのである。こけおどしは、たとえ下に位置する者であっても敏感に感じ取って、見せかけであることを見破る。

上の地位にある人は、とかく上からの目線になる傾向があるので、相手と同じ位置まで下りていった言動に徹することを心掛ける。その考え方さえ忘れないでいたら、自然に礼儀正しく人と接する結果になる。逆に、礼儀正しく振る舞うことを忘れなかったら、相手がどんな人であっても、尊大に構えることはなくなる。

自分が相手よりも下の地位にあるときも、同じ人間であるという意識を失わなかったら卑屈《ひくつ》な言動に出ることはない。臆《おく》することなく正々堂々と自分の考え方を述べ、自分の信ずる道を主張することができる。

だが、相手と自分は対等であるからといっても、そこで威勢を張りすぎると、相手に対する礼を失することになるので、注意を要する。自分の立場を十分にわきまえなかったら、その威勢も単なる虚勢に終わってしまう。目上の人に対する礼儀を守るというルールに反してはならない。

たとえ相手が無能であったとしても、その地位に対する敬意を表する必要がある。相手がバカであっても社長は社長であり、大臣は大臣である。乱暴な口をきいたり粗野《そや》な行動に出たりするのは、マナー違反となる。それは自分の品格を落とす結果にしかならない。

名刺で限界がわかる

サラリーマンに限らず仕事をしている人にとっては、名刺は重要な道具の一つである。ビジネス社会で自分がどこに位置して、どのような内容の仕事をしているかが、おおよそでしかないが、簡便にわかる。

名刺がなかったら、一々名前を名乗ったうえで、どのような漢字なのかについても説明しなくてはならない。自分が属している組織の名称や住所、それに電話、ファクス、電子メールなどの連絡手段についても記してある。セールスを担当している人の場合は、写真も印刷しておけば、名前と顔を覚えてもらうのに便利がいい。

名刺はその人の分身のような働きもするので、あだやおろそかに扱ってはいけない。自分の名刺を人に差し出すときも、名刺入れなどにきちんと入れてあるのを、丁寧《ていねい》に取り出してから大切に手渡す。人の名刺を受け取るときは、それこそ至宝をもらうがごとくに、うやうやしく押しいただくのだ。

何か名刺に書いてある以外の情報を書き記しておきたいと思っても、少なくとも相手の目の前では、別の紙にメモするなどする。名刺を相手の顔であると思っていれば、そこに書き込みすることはできないはずだ。それは人の顔に泥を塗るにも等しい行為になるからである。

また、名刺には肩書きが印刷してあるのが普通だ。その組織の中における地位や職分を示している。新入りで肩書きがない人でも、属している部署の名ぐらいは書いてある。組織にいる人たちが非常に少人数であるときは、それも書いてない場合もあるかもしれないが。

組織やグループの名称が書いてあっても役職などがいっさい書いてない場合は、一匹狼的にグループを率いるリーダーであるかもしれない。もっとも最近は、会社に限らなくても何らかの法人組織にしているのがほとんどであるから、肩書きがあるのが通例である。

いずれにしても、その人が属する組織における肩書きがわかれば、どのような地位にあって、どのような力があるかが、大体はわかる。

だが同時に、その人がいくら高い地位にあっても、組織に属している以上は組織に縛られているので、その行動範囲には限度がある。

すなわち、肩書きは持っている力の強さと可能性を示しているが、それと同時にその人の力の限界をも示唆《しさ》しているのだ。そのように考えれば、たとえ最高経営責任者などのトップを示す肩書きの人でも、外部の世界に対しては、その発想や実行力については組織の枠を超えることはできない。

地位好きは本質を失う

組織の中にいる限りは、その程度には差があるが、束縛《そくばく》され続ける。そこで自由を求めて組織から出て行って、広い世界に羽ばたこうとする人は多い。ところが、その中のほとんどの人は、独りで仕事をしたのでは大きなことができないというので、人を集めて組織をつくる。結局は、資本主義の都合のいい部分を取り入れて、組織の中に人を囲い込んで働かせて、そこから甘い汁を吸おうとすることになる。

いくら自分自身が所有し経営する組織であっても、組織というかたちができれば、それに制約される。どんなワンマンであっても、程度の差こそあれ、ほかの人たちからの圧力をゼロにするわけにはいかない。最初は組織を飛び出したのであるが、同じような組織に縛られる結果になった。いわば元《もと》の木阿弥《もくあみ》になったのだ。昔属していた組織の中では無きに等しかった力が、目に見える力になっただけである。

もちろん、より多くの金を手に入れたいと思ったのであれば、それは十分に成功したといえるかもしれない。だが、自由を求めていたのであれば、失敗したのである。もっとも、本人はそのことに気づいていないであろうが。

肩書きを求めていたら、自分を見失ってしまう。それは自由や幸せとか品格とかとは、まったく関係がない。実力ともそれほどの関係はない。ただ、組織の中における識別のための符号でしかない、と思っておいたほうがいい。

そうすれば、人の肩書きに惑わされることもないし、人を見る目が狂うこともない。自分に肩書きがなくても、不名誉に思う必要もなければ、人前に出て臆することもない。自分は自分であると考えて、その都度《つど》ベストを尽くしていればいい。目指すのであれば、無冠の帝王である。失うものがないので、自由自在に振る舞うことができる。肩書きにこだわるのは周辺的なことにうつつを抜かすことでもある。肩書きを気にしなければ、より自由になり、本質的なことに集中していくことができる。すると、結果的にはよりよい人生が開けてくる。

見えない圧力の使い方

仕事の場では、上司は部下に対してかなりの権力を持っている。いざとなると、生殺与奪《せいさつよだつ》の権を握っているといっても、あながち間違いとはいえない。組織は複数の人たちが集まって一定の目的を遂行《すいこう》しようとするところである。そこで混乱が起こらないで、皆が同じ方向に向かって迅《じん》速《そく》に動けるようにするためのツールの一つが、権力だ。

部下が上司に向かって反対の意見をいってはいけない、ということではない。組織の目的を達成するためであったら、上司と異なった考え方も大いに歓迎される。「言論の自由」は確保されているのである。ただ、いったん進んでいく方向が決まったら、皆秩序正しく統一的に動いていく必要がある。その点に関しては、「行動の自由」はない。

そのけじめはきちんとつける。もちろん、組織として決まった方向であっても、法の精神や人の道に反していたら、上司や組織にどこまでも反対する。正しいことをいったりしたりする権利は、上司や組織が指揮や命令をする権利に優先して主張され守られるべきだからである。

もし、そのような主張が認められなかった場合には、その組織に訣別《けつべつ》を告げるべきである。さもないと自分が悪を許容したことになり、たとえ積極的に加担したのではなくとも、同罪であると決めつけられても仕方がない。泥舟のような組織と運命を共にする結果になってしまう。そのような事態は、自衛上から絶対に避けなくてはならない。

上司が部下に指示や命令をするとき、すでに決定したことであっても、できるだけ穏やかな口調で内容を伝えるべきである。すなわち、依頼をする姿勢を取るのだ。上司と部下といっても、同じ人間同士である。血も涙もあり人間味のある「つきあい」であると考えれば、機械的で冷酷な響きのある言い方をしてはならない。

押しつけられれば、自主性の強い人は心のどこかで反発しようとしている。ところが、頼まれたら、自分でできることは喜んでするし、自分には難しいと思っても、何とかしてやろうと努力する。誰でも頼られたら、一肌脱いで助けてやろうとか協力してやろうとか考えるものだ。

したがって、緊急事態の下でない限りは、強制的な指示や命令はしないほうが得策である。常に依頼するかたちを取ったり、交渉をしたうえでしてもらおうとしたりする。そのようにソフトなアプローチをしても、自分が上司である以上は、目に見えない圧力は掛かっている。

権力は外の世界には通じない

上司が部下に命令してなにかをさせる権利は、「伝家の宝刀」と同じように使わないでおいたほうがいい。常に使っていたのでは、その切れ味もわかってしまう。隠しておけば、相手は想像もつかない威力であるのではないかと思って、目に見えない力を発揮する。

隠していたのでは、持っているかどうかもわからないかもしれない。そう思ったときは、何気なく飾っておいてもいい。いつ抜かれるかもしれないと思わせたほうが、効果的である。

伝家の宝刀を抜いてみせるのは、切羽詰《せっぱつ》まったり、一世一代の大勝負に出たりするときだ。そのような場合でも、抜いて見せるだけで実際に相手を斬るのはできるだけ避けたほうがいい。

賢明な人は権力を持っているところを見せたりはしない。また、その権力は自分の組織の中でのみ効力があることを知っている。したがって、外部の人がいる場において、内部的な権力を誇示することはない。

かなり昔の話であるが、友人が部長に昇進した。もちろん、それに対しては祝意を表するのにやぶさかではなかった。だが、その後で彼がいったことは、私を驚かせ落胆させた。「こんど電話をしてきたり会社に訪ねてきたりするときは、部長さんはいらっしゃいますかといってくれ」といったのである。

昇進したのが嬉しいのはわかるが、そこまでいわれると、急に友人が惨《みじ》めで哀《あわ》れに思われた。肩書きと権力を友人にまで見せびらかそうとする魂胆《こんたん》が露骨に表されていたので、気分が悪くなったくらいである。あまりにもショッキングであったので、何十年も経った現在でも、その場の情況を鮮明に覚えている。

組織の中で自分が持っている権力は、その組織内だけのもので、外の世界にはまったく通用しない。それは実力とはあまり関係がない。自分が組織から離れたときには、何の役にも立たない。飾りにさえもならないと思っていたほうがいい。

組織が運営されていくために必要な道具の一つであり、便宜《べんぎ》的なものである。権力と人間としての人間社会における実力とは、まったく関係がない。

利他主義と利己主義

私たちが小さいころの愛読書には、偉人伝や英雄伝があった。人類のためになることを成《な》し遂《と》げた人や優れた才知と実行力を発揮した人の伝記を読んで、感動した。自分もそのような人になって、人々のために尽くしたいと思って、胸を躍らせたものだ。

もちろん、おとぎ話や童話も読んで、この世の善悪や理非についても学んだ。そこで、知らず知らずのうちに、道徳的な教育も受けていた。個人的な損得について考えることはなく、常に世の中のためになることに主眼をおいて行動することを目的にするようになっていた。

そのうちに日本が戦争に突入すると、すべてが戦争で勝利することを至上の目的とする考え方へと変わっていった。広く人類や人間のためという観点は失われ、日本という自分の国の利益のみに焦点が当てられることになった。

大東亜共栄圏などといって、日本を中心とする中国や東南アジア諸国との共存共栄という目的を設定した。その夢の実現というので、大義名分が立つような錯覚に陥《おちい》っていた。だが実際には、それは日本がアジアの支配を正当化するための隠れみのでしかなかった。

日々の生活の隅々にまで、戦争に勝つための考え方が浸透していっていたので、私たち子供は完全に「洗脳」されてしまっていた。まさに「井《い》の中の蛙《かわず》大海を知らず」で、正当な思考力は封印されたかたちになっていたのである。読み物も戦争の話が中心になり、英雄や偉人の中に軍人が多く入ってくるようになり、漫画の内容や舞台も戦争に関係するものになっていた。

男の子は、陸軍や海軍の大将になったり、エリート軍人の学校に入ったりすることを夢見るようになった。すべて、お国のためとか天皇陛下のためとかに集約されて、それへ向かっての「滅《めっ》私奉公《しほうこう》」が奨励《しょうれい》されたのである。そのように戦争の勝利という歪《いびつ》な目的のためであったとはいえ、利他主義が主流となっていたのは、社会教育上からは悪くないことであったといえるかもしれない。

資本主義は金の亡者

その反動は、終戦とともに徐々にやってきた。それまでの全体主義から個人主義への移行である。豊かな物質文明を背景にした華やかなアメリカ文化は、物の不足に悩んできた日本人を魅了した。個人の自由と独立を尊重する立場が盛んになると、団体や他人の拘束《こうそく》が緩《ゆる》やかになる。他人よりも自分を考える度合いが大きくなり、それが高じると利己主義がはびこってくる。

人のためとか社会のためとかを考えないで、自己の利益を図ることに専念する人が多くなった。資本主義社会における中心的話題の一つは、金の有無や多少である。そこから、皆が金を手に入れることに精を出し始めたのである。

職業に就《つ》くときでも、自分の好きな分野の仕事をしたいからというよりも、より多くの金を稼ぐためという目的に発している場合が多い。昔は医師になりたいという人は、多くの人を病《やまい》から救いたいという動機からである場合が多かった。だが最近は収入がいいという理由からの人が多いように見受けられる。

もちろん、「医は仁術《じんじゅつ》」であるといって、人道上の動機に基づき、その道を守っている人たちもいる。だが、職業として、すなわち自分の生計を立てるための術《すべ》としている人も多い。それがいけないというのではない。まず自己の生活基盤を固めなかったら、人のためや社会のためという目的に向かっていくことはできない。

医師に限らず、すべての職業についていえることであるが、自分の生活が成り立つ目処《めど》がついたら、そこからの余裕は、「利他」の要素へと振り向けてみるのだ。人を助ければその人にも多少の余裕が生まれてくる。すると、その人も自分に役立つことをしてくれるかもしれない。自分に直接に報《むく》いとして返ってこないかもしれないが、ほかの人のために何かはする。それが社会のためになれば、社会の一員である自分のためにもなっているはずだ。

その程度は極めて微少であって、目にも見えないし計ってみることもできない。だが、社会がちょっとでもよくなれば、それだけ住みやすいところになっている。まさに「情けは人の為ならず」である。

会社に勤めていても、そこから自分が利益を得ようとするのではなく、会社に利をもたらそうとしてみる。会社がよくなれば、その中の一員である自分にとっても、利になることだ。自分だけ得をしようと思わないで、自分の周囲からよくしようと努力すれば、自分にも必ずいいことになって返ってくる。利己主義よりも利他主義のほうが、自分が楽に利を得るためには、確実な考え方である。

群れると流される

私が小さいころ、伯父や伯母など親戚の大人たちが、よく話しているのを耳にしていた。「あそこの息子はいい企業に勤めて、いい地位についている」と。親としては、子供を立派に育て上げて、もう何も心配することもなく安心していていい、という意味であることは子供である私も感じとっていた。

自分もそのようにならなくてはならないのかという思いはあったが、何か決まったレールの上に乗っているようにも思えて、かなりの抵抗も感じていた。子供のころには、世の人たちのいう安全な人生には、まったく関心がない。それよりも、したいことをしたいという気持ちがずっと強い。

戦争中の枠にはめられた考え方は、終戦とともに自由な発想へと変わっていった。最初はアメリカという国を通じてであったが、徐々に海の向こうにある広い世界が見えてきた。「少年よ大志を抱け」といわれなくても、少年の夢は大きく広がっていく。したがって、目が海外に向かっていくのは、当然の帰結である。私も海外に行ってみることに焦点を合わせていった。

義務教育を終えたら、できるだけ海外への道が近い大学で勉強することを考えた。そうなると、当時では東京以外にはない。ところが、高校三年の夏にジフテリアに罹《かか》ったかと思うと、次は腰に癰《よう》という化膿《かのう》性の炎症を起こした。それが治る間もなく、こんどは肺結核になっていたことがわかった。

そこで、治療を始めたので、三学期は学校にはほとんど行かなかった。だが一応は卒業をさせてもらい、そこからそのまま山間部にある自宅での療養生活へと移行していった。毎日近所の病院に通って、ストレプトマイシンという抗生物質を注射してもらい、パスという特効薬をもらって帰って飲むという生活を送っていた。

ほかには何もすることがない。そこで、根《こん》を詰めることをしてはいけないといわれていたので、雑誌を購読することによって受験勉強の真似事をし始めた。さらに、大学の先には海外へという夢があったので、英語の勉強も重点的にしていた。

とはいっても、そのころの田舎には勉強の種になるものはない。英語の雑誌を取り寄せたり、二、三日遅れの英字新聞を読んだりするだけだ。ラジオで英会話の番組があったが、山間部にはなかなか電波が届きにくいらしく、途切れたり雑音のほうが大きかったりした。それでも、時どき熱心に耳をすまして、聞き取ろうとして努力していた。今となっては、懐《なつ》かしい思い出である。

大学に入ってからも、外国語には特に力を入れた。正課の英語とフランス語以外にドイツ語も勉強し、イタリア語やロシア語にも手を出した。ほかの大学で開いていた講習会で、そのころ人気が出始めたスペイン語も学んだ。そのほかにも、いくつかの外国語について、入門的な程度であったが触れてみた。

もちろん、すべてが中途半端ではあったが、そのような勉強のお陰で、外国語に対する、少なくとも感覚は学びとったと思っている。これは、十一年強のサラリーマン生活や、その後に独立して携《たずさ》わった多くの国際関連業務において、大いに役立った。

大樹はあちこちで倒れる

私の場合は、社会人になった最初の十一年強のときを除けば、いい企業に入ってそこそこの地位についているという情況からは程遠かった。親の目から見れば、極めて不安定であると感じていたに違いない。「寄らば大樹の蔭《かげ》」で、そこでの地位はよくなくても、何とか安定した生活を送ってくれたほうがいい。だが、私としては独立したお陰で、好きなことをかなり自由にしてくることができた。

一匹狼ほど強くもないが、かなり挑戦的な仕事もしてきたので、今のところは一応満足している。大樹の下にいれば、確かに安定性や安全性は高い。しかしながら、現在のように流動性、というよりも激動性の顕著なビジネス社会にあっては、大樹もあちこちで倒れていっている。それに、大きな組織の中ではその組織の流れに従っていかなくてはならない。また、上司、同僚、部下などの同じ組織の中にいる人たちと、最後には同調していく必要がある。

そのために、知らず知らずのうちに神経をすり減らしている。日々あちこちで、表に出てくる場合もあり心の奥底でざわめいている場合もあるが、摩擦が生じていて、それには耐えていかなくてはならない。群れていると安全なのであるが、自分の嫌な方向に流されても我慢していく必要がある。

一方、人と群れないでいると、敵に対しては独りで立ち向かわなくてはならない。だがその勇気を奮《ふる》い起こしていく中で、切磋琢磨《せっさたくま》をする結果になっている。それがさらなる向上へとつながっていき、人を強くするのだ。

人の心を動かす人の条件

組織が動くというとき、トップが口を開いて命令一下直《ただ》ちに人々が一体となって動くというのが、普通皆が頭の中に描いている図である。だが実際には、そのようにすべてがスムーズに進行していくとは限らない。

たとえ表向きはそうであったとしても、命令を受け取った人たちとしては、命令の内容について一応の価値判断を下したうえで行動に移している。組織に対してのみならず自分自身に対してもプラスの効果があると思えば、行動のスピードも速くなるし、その作業に心を込める度合いも増してくる。逆にマイナスの効果がもたらされるのではないかと考えたら、その検討に時間を要したり気が進まなかったりして、動きは鈍《にぶ》くなる。

かたちのうえでは組織が動くように見えても、実際にはその組織の中にいる何人くらいの人の心を動かすことができるかが、キーポイントである。人の心を動かすことができるための条件は、いろいろとある。だが一口にいえば、人々に信頼されているということだ。

そのためには、的確な判断力がなくてはならない。正しい方向を、どのような情況の下におかれても、正確かつ迅速に見極める能力が必要である。また、その点について過去に実績がなくてはならない。さもないと強力な説得力はない。

経営のトップに位置していたり経営陣の中でも発言力があったりするためには、普段からの言動が物をいう。特定の人を選《え》り好《ごの》みしてひいきにするような恣《し》意的な性癖があったのでは、通常の業務の場合はいいとして、重大な局面になったら、人々は直ちにはいうことを聞かない。

組織の中では、公正や公平という要素は極めて重要だ。人の扱いや待遇に関して、えこひいきをしていると、秩序は保たれなくなるし機動性は失われてくる。昨今は一般的に毀誉褒貶《きよほうへん》が曖昧《あいまい》になっている傾向が見られる。ちょっとくらいのミスを犯したり、うっかりして大切なことを忘れたりしても、そのままにして見逃す。指摘さえもしないでおいたら、同じようなことを何回も繰り返しても仕方がない。

仕事は一つずつ細かいところまできちんとしなくてはならない。それに反したら厳しく注意して、罰を課したり場合によっては償いをさせたりするくらいでなくてはいけない。特にルーズな人であったら、甘くすると付け上がってしまう。また、組織が大きければ大きいほど、「仕置き」をする重要性が高くなってくる。

「悪は良を駆逐する」残念な傾向

「悪貨は良貨を駆逐《くちく》する」というグレシャムの法則がある。質のいい貨幣と質の悪い貨幣とが同じ国で使われていると、次第にいい貨幣がなくなり悪い貨幣だけが使われるようになる、というのだ。これは貨幣に限らずどんなものやことに関してもいえることである。「悪は良を駆逐する」という傾向は、残念ながら認めざるをえない、この世の傾向である。

小さな悪でも見逃していたら、悪の傾向はだんだんに助長されてくる。悪は小さいうちに皆の前で指摘して、それを犯した罪を糾弾《きゅうだん》して罰する必要がある。さもないと、悪を「永久追放」することはできない。それに悪を許したのでは、悪には手を染めないで、営々として善のみを実践してきた人が、比較すると不公平な結果を被《こうむ》ることになる。

悪をきちんと罰すれば、相対的には善が賞賛されたのと同じ効果が上がる。もちろん、悪とは無縁であった人を積極的に評価して賞賛の声を浴びせかければ、善のみを実行する行為を大いに奨励《しょうれい》することになる。「悪を為《な》さず」ということの重要性と価値を、もっと強調するべきであろう。

このようにして功績のある者や罪過や間違いのない者を必ず賞し、罪過や間違いを犯した者を必ず罰するようにすれば、その組織の質は必ず向上する。ただ、秘密警察的な手法で悪や間違いを摘発したのでは、恐怖政治ならぬ恐怖経営となり、人々の心を萎縮《いしゅく》させて逆効果となる。したがって、人間的な感情に対する考慮という要素を加味することも忘れてはならない。

以上のように善悪や正誤についての峻別《しゅんべつ》をきちんとしたうえで、常に相手を自分と同じ人間として尊重しながら接する人には、人望がある。人は地位や権力の後ろ楯《うしろだて》があっただけでは、人を動かすことはできない。積み重ねてきた人間性と能力が信頼するに足りるほどの厚みがあると判断されていなかったら、人は動いてはくれない。

たとえ地位はなくても、人々の人望を集めていたら、その人には人々を動かす力がある。正と善を行う信念があって、人に尊敬され信頼され期待されている人のみが、人々の集まりである組織を動かすことができるのだ。

第三章　他人の金をあてにしない

金は心を殺す

波瀾万丈《はらんばんじょう》の生涯を描いた小説などを読んで、血湧《わ》き肉躍る思いをしたり、主人公だけの心の動きを擬似《ぎじ》体験したりする。現実にそのような数奇な運命に弄《もてあそ》ばれる人がいるのだろうかと考えることもあれば、背景や程度には違いがあるが、自分も同じような情況におかれたことがあったなどと感慨にふけることもある。

いずれにしても想像の世界のことであるから、心には義務的な束縛《そくばく》はなく、面白いと思って楽しんでいる。直接的にも間接的にも自分自身には関係のないことであるから、その内容については、それほど深刻に考えることはない。間違いなく娯楽の対象の一つになっているのだ。

ところが最近は、常識的には考えられないようなことが現実に起こっている。毎日のようにテレビや新聞、それにインターネットなどで、事件として報じられている。しかも頻繁にである。普通の人には思いもよらないようなことが多く、まさに「事実は小説よりも奇なり」というほかない。

場所的にも自分の行動範囲内にあったり自分に似た境遇の下《もと》で起こったりしているので、少なくとも間接的には自分にも影響がある可能性がある。他人事として簡単に片づけるわけにはいかない。対岸の火事として高みの見物をしていることはできないのである。

そこで、自分なりにではあるが、そのような事件がなぜ起こるかについて真剣に考えざるをえない。傷害や殺人にまで至る殺伐《さつばつ》な結果になる出来事の場合は、恨《うら》みつらみがあったことを思って、暗然たる気分になる。ハプニング的に起こったことに関しては、自分自身も気をつけなくてはならないと、日々の言動を反省する場合もある。

そのような刑事事件について、その原因を追求していってみる。なぜかという疑問に対する答えが出てきても、さらに次々となぜかを繰り返すのだ。するとたいていの場合に、最後に行き着く答えには、必ず「金」が出てくる。金の問題が絡《から》んできて、それが頭の中に大きな位置を占めてくると、そこで理性が失われる。いうなれば、金が人の心を殺してしまう結果になっているのだ。

金銭価値との距離感

民事の事件の場合は、そのほとんどがストレートに金の問題である。金がもっと欲しいとか、もらうべき金がもらえなかったとか、人の作為や不作為によって損をしたとか、詐欺《さぎ》的な行為によって金を取られたとか、さまざまなパターンがある。また、直接には金が絡んでいなくて身分とか地位が問題になるときであっても、最後には金の問題に帰着する。

権利の回復を図《はか》ろうとするときも、それが失われていた期間については取り返しがつかない。

結局は、その間の物理的損失に対して賠償金を受け取ったり、心が被《こうむ》った痛手に対して慰謝《いしゃ》料を受け取ったりするのだ。最後には、金という手段を利用して、すなわち金の問題に掏《す》り替えて決着を図っている。

金で人の心は買えないといわれているが、実際には、金は人の心の少なくとも一部は買っている結果になっているのだ。「金が物言う」、すなわちこの世は金さえあれば何でもできるというのは、よくない考え方であるとして皆否定しようとしている。だが、切羽詰《せっぱつ》まってどうしようもなくなったときは、ある程度であったり部分的であったりするかもしれないが、金が助けてくれる可能性は残っているのである。

したがって、人々が「金、金」と表立ってはいわないものの、心の奥底で密《ひそ》かに金を「信奉」しているのも、むべなるかなといわざるをえない。「たかが金」といっている人でも、「されど金」である。金を無視して生きていくことは、現代人の場合は、ほとんど不可能であるといっていい。

しかしながら、最初から金のことを考えたのでは、あちこちで角《かど》が立つ。人間は感情の動物であることを忘れてはならない。それに、金は手段であるから、常に二次的、さらには三次的なものとして考えるに留《とど》める。

金のことを考えたり使ったりするときは、常にオブラートに包んで扱う。相手がどのように考えるかを推測しながら、刺激しないようにして、直接的に表現することを避ける。だが、慇懃無《いんぎんぶ》礼《れい》にならない程度にする慎重さも必要である。

もちろん、ビジネスの場では、金を表に出してストレートにアプローチをしたり交渉をしたりする姿勢も必要である。しかしその場合でも、相手が感情豊かな人間であることを忘れてはいけない。金が人の心に突き刺さることのないようにする。そのためには、金は酒と同じように、扱い方によっては「百薬の長」にもなれば「百毒の長」にもなりうることを心に銘記《めいき》しながら、ビジネスの場に臨《のぞ》む必要がある。

組織の金は人の金

同窓会の席で近況の報告をし合っている。親しい者同士であるから、遠慮をしないで相手の話に対して批判的なことをいう人もいれば、自慢めいたことをいう人もいる。大会社の海外事業部門で働いている人が、すでに新聞種《だね》にもなっている新たなプロジェクトについて話していた。

その人の輪の中に、金融関係の企業に勤めている友人が加わり、自分が担当している企業に対する融資金額の大きさについて話し始めた。そのような金については縁のない人たちは、半《なか》ば感心しながら聞いている。

金額の大きさを競い合っているかのような会話になっていっていた。そこへ昔から皮肉屋を自他共に許している友人が、割って入っていった。「ところで、今君たちのポケットに入っている金はいくらぐらいか」といったかと思うと、矢継《やつ》ぎ早《ばや》に「君たち自身の預金の残高はどのくらいになっているのか」とも聞いたのである。

彼らは扱っている金額の大きさによって、自分の仕事の重要性を強調したかった。だが、それはたまたま自分が企業から命令されてしている仕事の内容であるにすぎない。それで自分が優秀だとか能力があるとかということにはならない。逆に、自分が組織の中の一員でしかないことを意味している。

皮肉屋の友人は、ある程度の能力があれば、大きな組織の中では誰でもできることをやっているにすぎない点を指摘したかったのだろう。会社の金は自分の金ではない。自分の一存で使ったり処分したりすることはできない。それをあたかも「虎の威《い》を藉《か》る狐」のように、自分が動かしているようないい方をしたので、皮肉の対象にされたのである。

巨額の金を動かしているといっても、組織の金は人の金である。役員会の承認を得たうえで使っていても、自分に特定の条件の下に「一時的な使用権」があるだけだ。細かく決められた使用条件のほかにも、組織の「使用人」として「善良なる管理者の注意義務」がある。

現に会社の中にある金であっても、そのほとんどは会社の金ではない。ほかの組織や人々の金である。本来の所有権は株主や借入機関、それに会社に対して債権を持っている組織や人たちにある。正確にいえば、預かっていたり借りたりしている金であって、自分勝手に使うことはできない。最後には返さなくてはならない金であるので、その点を片時も忘れてはならない。

その意識がないままに会社の金を「費消」していたら、たとえその名目が投資であれ何であれ、少なくとも「道徳的」には「横領」であったという結果になる可能性もあるだろう。もちろん、法律的には何らの問題もないといわざるをえないが。

税金で集めた金は「私たちの金」

組織や人の金を使うときに、もしかしたらその金は所期の目的を達成することがないかもしれないと思いながらも、そうなっても仕方がないと考えて、あえてそのリスクを冒したときは、厳密にいえば「未必の故意」が成立する。もちろん、そのような考え方をしていたら、ビジネスの場であれ個人生活の場であれ、自分に一〇〇パーセントの所有権がない金を投資などに使うことはいっさいできない。

ただ、時どきでいいから、原点に返ってそこまで考えたうえで自分の行動を律してみたらどうであろうか、という提案である。特に政治の場や公共色の強い組織の場においては、そのような考え方をする人が少しでも多くなれば、世の中の不合理の多くが是正されるはずである。

政治のトップに位置する人たちが、大見得《おおみえ》を切って斬新な改革に乗り出したりしている。それはそれとして「政治的」であっていいのだが、この世の仕組みについて、そもそもの出発点に立ち返って考えることは忘れないでもらいたい。

国であれ地方公共団体であれ、その財源は元まで辿《たど》れば、すべて国民から集めた税金である。予算を組んで何とかかんとかいっても、その金は政治家のものでもなければ行政に携《たずさ》わる人たちのものでもない。「私たちの金」である。

国民から信託を受けて使用しているといっても、それは口先だけである。その都度《つど》、もっと国民の金であるという意識を強く胸に刻み込んだうえで使ってほしい。もちろん、国民の一人ひとりの思惑は千差万別《せんさばんべつ》であるから、皆が満足するように使うことはできない。ただ使う度《たび》に、納税者の痛みを感じとろうとする心構えが必要だ。

個人的なレベルにおいても、自分のポケットの中にあるからといって、すぐにそのまま自分の金だと思ってはいけない。その点をわきまえていれば、もっときれいで正しい金の使い方ができるはずである。

パーティーの品格

昔は会社で得意先を食事に接待するときには、相手のところまで迎えに行って、立派な料亭やレストランで一緒に食事をして、相手の家まで送っていくのが礼に適《かな》っていた。自分が迎えに行けないときには、ハイヤーなどの車を差し向ける。帰りも同様にして丁重《ていちょう》に送っていく手配を整える。もちろん、その際には土産《みやげ》を渡すのも忘れてはならない。

至れり尽くせりの歓待である。ご馳走《ちそう》をするのであるが、わざわざ時間を割《さ》いて来てもらうのだから、それ以外には相手にいっさい負担が掛からないようにする。俗にいうアゴアシ付きで、それにいっそう丁寧《ていねい》にした気くばりをつけ加えるのだ。

だが最近は、そのようなまだるっこいことはしない。レストランなどに直接来てもらう。せめて自分が客よりも先に来ておいて、入り口で出迎えるかたちにする。食事が終わると出口まで送っていくが、後は各自が適当な交通機関を利用して帰ってもらう。よくいえば、個人の自由を尊重する方式であるから、このほうが気楽でいいという人も少なくない。いずれにしても、ビジネスライクで拘束《こうそく》される時間も少なくて済む。

さらに、顧客を接待するのも一々は面倒だとばかりに、一括してする方式も一般的に行われている。謝恩の意味を込めてするパーティーである。大勢の人たちを一堂に集めて催《もよお》すので、時間的な効率のよさには計り知れないものがある。ただ、招待される側としては、どうしても大勢の中の一人として扱われるので、有り難みはかなり薄れてくる。接待する側としては、簡便な方法であるということはそれだけ人を「粗略に」扱っていることであるという認識をしておく。

その点をわきまえていれば、招待客に対する姿勢が謙虚なものとなり、それだけ感謝の気持ちが的確に伝わる結果になる。パーティーを開くとき、接待や招待のもともとの方式を思い出して原点に返ってみる。そうするだけで、大勢の客に対しても、できるだけ一人ひとりに丁重に接していこうとする心構えができてくる。

招待された人は、個別的な食事の場であれパーティーの場であれ、客として選ばれたのである。まず招待される資格が自分にあるかどうかを考えてみなくてはならない。自分ないしは自分の属する組織が相手にとっての得意先であったり、近い将来に得意先になる可能性があったりすれば、資格は十分である。

ただより怖いものはない

だが、そのような資格もなければそのような立場になることもないと思ったら、そのような招待は受けない。一宿一飯《いっしゅくいっぱん》の恩義ではないが、一食でも一杯でもご馳走になったら、それなりの負い目が生じる。その程度は小さくて自分としては無視していいと思っていても、そこに「縁」が生じたことには間違いない。

それを突破口として相手は手を替え品を替え接触を図ってくる。矢継ぎ早に接待攻勢を掛けられていると、そのうちに接待されるのに慣れてくる。そうなると抜き差しならなくなって、先方の思う壺《つぼ》にはまってしまう。遂《つい》には相手の言いなりになって収賄《しゅうわい》の罪に問われるようになった例もある。

ただで何か利益を手にしたのが始まりだ。それが少しずつエスカレートしていくので、あまり抵抗を感じなくなる。気がついたときは、精神的に大きな借りを負う結果になっている。「ただより高いものはない」といわれている所以《ゆえん》である。「ただ」というのは、人をおびき寄せる餌《えさ》なのだ。「ただより怖いものはない」。ただには、自分の知らない仕掛けがしてあるかもしれないと思って、ただだといわれたら逃げるのが安全である。

幼い子供は知らない大人が何かやろうとしても、受け取ろうとはしない。無理やり手に取らせようとすれば、どこまでも逃げ回る。いわれのないものをもらうと後で何が起こるかわからないので、本能的に危険を察知しているのである。

もちろん、ただのものはもらわないのが原則であるといっても、相手が善意であることが明らかなときは、受け取って感謝するのが礼に適っている。たとえば小銭の持ち合わせがなくて困っているときに、通り掛かりの人が用立ててくれたような場合だ。

せっかくの厚意であるから、それを無にするのは、こんどは人の道に反する。その親切を素直に受け入れて、笑顔と共に感謝の気持ちを述べればいい。下手《へた》に固辞《こじ》したら、相手に具合の悪い思いをさせる。面目を失わせ恥をかかせる結果になったりもする。

相手がしてくれた、小さい親切な行為に対して、心を広く開いて受け入れるのだ。小さな親切は餌として使うことはできないので、そのまま飲み込んで自分の心も豊かにすることができる。

ただ食いは下品

それほど参加資格を詳細に決めているのではないが、一応は会員制の組織で年会費も徴収している。催しがある度に、そこそこの金額の参加費も支払わなくてはならない。会場は一流ホテルの宴会場などで、華やかな雰囲気の中で行われる。

もちろん、会員以外にもその組織の活動に理解を示している人たちには、招待状を出している。ちょっとした有名人が加わると、組織の知名度も上がって会にも盛り上がりが期待できるからである。招待客の中には、会員は皆年会費や参加費を支払っているのを知っているので、出席するときに御祝いと称して金一封を持ってくる人もいる。

その金額は人によってまちまちである。だが心ある人は、会員が払っている参加費よりも多くて切りがいい金額にしている。自分の立場や評判を落とすことのないようにという考えからだ。人の格はその人の出す金の額によって決まるわけではないが、それが人物を判断する尺度の一つになることには疑いがない。

自分が参加する催しに経費が掛かるのがわかっていて、必ずしも裕福ではない人たちが費用を分担している。それを知っていたら、自分も応分の拠出をすべきであると考えるのが、常識のある人だ。もちろん、その組織に対して自分が普段からかなりの労力の提供をしたり、金銭的にも協力したりしているときは、手ぶらで参加することもありうる。

ところが、そのような催しがあるのを聞きつけて、飛び入りをする人たちがいる。主催者側の知っている人に連絡をしてきて、自分たちも参加したいというのだ。高名な政治家の夫人たちで、主催者側としては、それを拒否する強力な理由はない。

しかも、会の直前になっていってくるので、席次を変えたり料理の数を増やしたりと、事務的にはちょっとした混乱が起こる。そのような迷惑が掛かることなどには、たぶん一顧《いっこ》だにしていないはずだ。大々的に大勢の人たちが集まって飲食をしたりする会の世話役を一回でもしてみたら、寸前になって予定が変わるときの煩雑《はんざつ》さと気苦労には計り知れないものがあるのがわかるのだが。

費用分担をする気くばり

そのように寸前の飛び込みをしても、当日はのうのうと手ぶらで参加してくる。世話をしている人たちに迷惑が掛かったことに対する詫《わ》びやねぎらいの言葉もない。御客様然として振る舞っている。下種《げす》な言い方でしかないが、ただ食いに慣れている人たちといいたくなっても、あまり咎《とが》め立てはされないであろう。身なりもきちんとしていて言葉遣いにも品のよさが溢《あふ》れているように見えるが、心は清廉《せいれん》とはいえない。

その夫たちの社会的地位といい、自分たちのライフスタイルといい、上流に属する人たちであると見られている。しかしながら、人の迷惑を考えなかったり必要な費用分担もしようとしなかったりする姿勢によって、自分たちの格を落としている。ケチケチしないで思い切った金額の御祝儀でも包んでくれれば、招かれざる客も歓迎すべき客へと瞬時に変わる。

金は上手に使えば、誠意を伝える手段として極めて有効である。「金は心の使者」にもなるのだ。「金で面《つら》を張る」というが、金の力で相手をねじ伏せるのは、一時的および表面的にできるだけだ。人の心までを押さえつけることはできない。だが、金の使い方によっては、人の心を和らげたり浮き浮きさせたりすることはできる。

また、どのような催しの場合でも、招待されたとしても、当然のことながら参加することができるのは、指名された人のみであるのが大原則だ。返信のときに勝手に代理の人が出席すると書いて送る人がいるが、これはルールに反している。

たとえば、私が関係している茶道の組織で正月の初釜《はつがま》という儀式に各国の大使夫妻を招待する。大使が出席できないとき、代理大使ないしはそれに準じる外交官が出席したいと連絡してくることがある。これは公式に代理となることができる身分や地位の人であるから、誰にも異論はない。

ところが、当日になって大使の代わりと称して、外交官の身分さえもない秘書クラスの人が参加してくることがある。そうなると、ほかの国の大使夫妻の方々と一緒の席で、同列に遇することになるので、釣り合いが取れなくなり具合の悪い結果となる。これは特殊な例かもしれないが、一事が万事である。

招待する側の都合や思惑には、どんなことがあるかわからない。たとえ参加者が大勢になるときであっても、招待客に合わせた趣向を巡らしているかもしれない。招待客という役者に、主催者側の考えているのとは異なった異分子が入ってきたのでは、計画していた筋書きが狂ってくる。

小には厳しく大には甘い

普通の人には想像もできない巨額の金をカジノで使い果たした人の話が大きく報道されていた。その金は自分が株主や役員になっている会社やその子会社から引き出していたという。明らかに刑事上の罪になるはずであるにもかかわらず、逮捕されるまでにずいぶんと日時が経っていた。

悪い奴は放置しておいたら、また同じような悪いことをしたり逃げたりする。そのような危険を冒すのは、検察や警察の怠慢《たいまん》ではないかと考えて、苦々しく、同時に腹立たしく思っていた。

こそ泥はすぐに捕まえるくせに、大泥棒の場合は時間を掛けている。また、そのことを疑問視しようともしないメディアの姿勢は、どうしても理解できない。

小には厳しく大には甘いというのがまかり通れば、正義が行われないで世の公正が保たれない。小悪は徹底的に糾明《きゅうめい》されるが、巨悪はえてして見逃されたり、問題にはされてもうやむやにされるようだ。そのいい例は国家の犯罪である。大きな力を持っていればいるほど、その力ですべてを押し切ろうとする。力は正義なりという命題が成り立てば、まさにこの世は闇であるというほかない。

いずれにしても、世間を騒がせた悪漢は逮捕されて罪に服するが、その犯罪を見逃した人たちも同罪ではないか。その人の下で働いていて会社の金を引き出すのを手伝ったり、その事実を知っていて見逃したりした人たちも悪い。会社の金を正当な理由なくして引き出すのに与《くみ》しなかったり反対したりしたら、生計を立てる道が閉ざされてしまうとでも思っていたのだろうか。

それが許されるのであったら、ひもじい思いをしている我が子を見かねて、人のものを盗む親の行為も正当化できることになる。

その点において、会社の上司の犯罪を「幇助《ほうじょ》」する結果になる部下の倫理観のなさを嘆くほかない。刑事上では断罪するのが難しかったら、会社が被った損害の一部でも償《つぐな》わせて民事上の「罪」を与える必要があるのではないか。

ギャンブルはギャンブル

さて、ギャンブルで使う金の問題である。私はカジノなるものに出入りしたことがない。クルーズで世界のあちこちを旅したが、大型客船にはカジノが設けられている。だが、その中に入って遊んだことは一度もない。そこで金を手に入れてみたいという気持ちがまったくないといったら、うそになる。だがプロの人たちが「営業」をしていて儲《もう》かっているということは、客はいずれ損をする仕組みになっているだろうと、確信に近い推測ができる。

勝つか負けるかのスリルを味わうのはいいが、結局は負ける遊びに金を使う余裕など、私にはない。

半世紀も前の話であるが、ニューヨークで働いていたときに、友人に誘われて競馬場に行ったことがある。友人にこの組み合わせを買えといわれて窓口に行った。ほかの窓口はすべて人が列をなして混んでいたが、一つだけその前に誰もいない窓口があったので、そこに行って持っていた二十ドル札を出して、番号をいって「一枚」と告げた。

券をくれたが、窓口の人がお釣りをくれない。催促《さいそく》すると相手は二十ドル札だから釣りはないというのだ。そこで説明されて、その窓口は二十ドル券を売るところであることがわかった。道理で人が並んでいなかったわけなのだが、後の祭りだ。仕方なく友人の許《もと》に行って話して買った券を見せると、それは今のレースのもので、彼が教えてくれた番号は次のレースの本命を組み入れたものであるという。悔《く》やんでみたが、この点に関しても後の祭りだ。

ところが、そのレースでは番狂わせが起こり、私の券が当たりとなって金が五倍くらいになって返ってきた。いわゆるビギナーズラック、初心者に回ってきたつきである。そこで手にした金は、その後のレースで使い果たしてしまった。スリルと幸運を味わった料金としては適当な額であったと思っている。私のギャンブルは、現在のところこれが唯一の経験である。

ギャンブルに費やす金は遊興費である。それを金を儲けるための「投資」であると考えるところから、間違いが起こってくる。自分が面白く遊んで楽しむために会社や人の金を使うのは、以《もっ》ての外《ほか》の所業である。また、自分が遊んだうえに、その金が返ってきたり儲かったりするのを期待するのは、あまりにも虫がよすぎる。

ギャンブルをすることによって多くの金を手に入れようとする欲が、そのビジネスで儲けを企《たくら》んでいる胴元《どうもと》やその周辺で事業をしている企業の狙《ねら》っているポイントである。カモはカモになって食べられる運命だ。カモの幻想や錯覚が実《み》を結ぶことになる確率は限りなくゼロに近い。

人の金で大きい顔をしない

ビジネスの場において、世話になった、ないしはなっている取引先の人を飲食などに接待する。さらには、これから取引の相手になってもらいたいと切望する人に対しても、接待の場を設けることがある。

いずれの場合にも、自分の感謝の意なり願いなりの気持ちを、口頭で伝えたり文書で述べたりするだけではなく、具体的なかたちを通じて伝える。そうすることによって、相手により強い印象を与えようとしている。取引先との関係が円滑《えんかつ》に進んでいくことを期待しているのである。

接待された側としては、その労をとってくれた相手に感謝するが、そのバックに控えている組織に対して、一種の「義理」のようなものを感じてもいる。接待をする際に要した金が、個人ではなく組織が支出したものであることを知っているからである。

接待をしてくれた個人がその組織を辞めたとき、通常はその感謝の気持ちも、その時点で途絶える。もちろん、仕事をしていく中で特別に意気投合して個人的に親交を結ぶようになった場合は、例外となる。組織との切れ目が縁の切れ目となるのが、普通である。

しかしながら、会社の金で人を接待しても自分がいい顔をしたいのが人情だ。接待をしたことに対して相手が感謝の意を述べたとき、もちろん「どういたしまして」といって、いつも世話になっているから当然であるとつけ加える。だが、そこでその感謝の念は会社に向けられるべきだということを、常に意識していなくてはならない。自分が個人としてご馳走をしたとは、露《つゆ》ほども考えないことだ。

おごるときはポケットマネーで

そもそも「おごる」という言葉の語源は、人よりも自分が優越した立場に立っていることを当たり前と考え、いい気になることである。それに、贅沢《ぜいたく》をするという意味もあり、そこから転じて、「奢」るという字を使って、飲食などを人に振る舞うという意味になった。だが、それはあくまでも、「自分の金を使って」という条件の下にである。

したがって、会社の関係でする接待は、奢るというカテゴリーには入らない。だが実際には、会社の金を使って会社の業務とはまったく無関係な人をもてなしている事例も、時どき見られる。友人などにご馳走をするときだ。だが、これは「今日は自分が奢るよ」などといっているが、言葉のもともとの定義からも奢ることにはならない。

それよりも、会社のルールに違反している。会社の金を定められた目的以外のことに使っているので、「流用」である。また、会社の資産の一部を不法に自分のものとしたことになるので、厳密にいえば「横領」であり、刑法上の罪のカテゴリーに入る。

もちろん、奢った相手の友人は、現在会社の商品の愛用者であるとか、将来的には会社に何らかの利益をもたらしてくれるかもしれないとかいって、会社のためだということもできなくはない。だが、それは単なる言い訳や言い逃れであって、一種の詭弁《きべん》でしかない。「風が吹けば桶屋《おけや》が儲かる」といった種類の因果関係の主張は、ビジネスの世界では通用しない。

　ご馳走をしてもらうときであれ、何かものをもらうときであれ、そのように自分にとってプラスのことをしてくれる人には感謝をする。だが、そのもともとにある金の出所がどこにあるのかも、よく見極める必要がある。そのうえで、感謝の気持ちのどのくらいを誰に向けるかを考える。自分に直接してくれた人に何パーセント、本家本元に何パーセントと考えていく必要があるだろう。

　利を与えるほうも利をもらうほうも、その点について明確に考えておかなくてはならない。目に見える現象に惑わされて、その錯覚に基づいて行動していたら、両者ともに世の中の道理に反する結果になる。会社の金を使ってちょっとでもいい気分になったら会社に感謝し、相手の会社の金でいい思いをしたらその相手だけではなく相手の会社にも感謝の気持ちを抱き続ける。

　人の金を使っていい顔をするだけであったら、「人の褌《ふんどし》で相撲《すもう》をとる」にも似ていて、あまりにも虫がよすぎる。心から人に感謝されていい顔をしたいと思ったら、自分自身に一〇〇パーセントの所有権ならびに処分権のある金を使うべきである。

　ボーナスを渡す、といっても実際にはその明細書であるが、そのときだけいい顔をしようとする上司は、あまり感心できない。そのような人は、解雇を言い渡すときは、ほかの人にさせようとするものだ。

自分がもらった品物が不要だからといってほかの人にたらい回しをして、あたかも自分からの贈り物であるかのように振る舞うのも、同じ類いの人である。自分の金を使わないで人の金を元手にいい顔をしようとするからだ。

見せびらかすと格が落ちる

私の知人である女性から聞いた話である。ある趣味の会に属しているのだが、そこでとくに気の合った人たちが六、七人集まって、自然に仲よしグループができたという。会が終わってから皆で一緒にお茶を飲んだり、時には食事もしたりしていた。

つきあいが長く続いて、近くの温泉場に一泊旅行もするくらいに親密さが増していった。そのうちに、その中の一人が有名な避暑地に別荘があるので、夏に皆を招待したいといい出した。皆も行きたいとはいったが、大勢になるので迷惑になるだろうと思って、何となくためらっていた。だが、何回かすすめられているうちに、その中の二、三人が行く気になった。

グループの中で核ができると、その人ないしは人たちが皆に波状攻撃を掛ける。すると、全員が一丸となって同じ方向へ向かって進む流れが形成されてくる。そのようにして、こんどはその避暑地への一泊旅行の話がまとまった。

別荘の持ち主は前日に行って皆を待ち、ほかの全員は電車の席を予約して一緒に行くことになった。着いてみると、まだ木のにおいも残っている、比較的新しい立派な別荘である。有名な建築家の設計した建物で、その写真と説明が載っている雑誌も見せてくれたらしい。

各部屋を案内されて、その特徴などを説明されて、その都度皆は感嘆の声を上げた。庭もかなりの広さがあって、ちょっとした遊具なども設置してある。何人かは庭に出て深呼吸をしたり歩き回ったりして、涼《すず》しい別荘地の雰囲気を楽しんでいた。

持ち主の夫は知る人ぞ知る企業の経営者であるから、皆は「さすが」といって褒《ほ》めたたえ、「いいご主人を持って幸せ」と羨《うらや》ましがって見せていたようだ。置かれている家具の斬新さや趣味のよさにも感心したといっていた。

夕食は大勢だからというので、その女性の行きつけのレストランが予約してあった。居酒屋風の店で、皆それぞれに好きな酒を飲んだりして楽しんだ。料理もそれなりの味であったので、皆も満足していた。ほかの客にも知り合いがいたりして、彼女は別荘族然として振る舞っていた。

勘定をする段になって、彼女が何ら行動を起こさないので、招待された者の中の一人が気をきかせて支払いを済ませた。その後で外に出てから、割り勘にしようという提案をした。もちろん、それに対して異論を唱《とな》える者はいなかった。

ただ、別荘の持ち主の彼女がそれに対しては口をつぐんでいたのに、ちょっとした違和感があった。その割り勘には自分は加わらないという感じが、如実に表れていたからである。そのちょっとした「無気味」ともいうべき空気の流れを、皆は敏感に感じとった。

そこで、後から皆でこっそりと話し合い、彼女にお礼として金も包んで渡すことに衆議一決した。それまでのはしゃぎ気味であった気分を表向きには続行したものの、皆の胸の中には暗雲が少しずつ静かに立ちこめてきたのである。

金を出す羽目になったことを悔《く》やんだのではない。招待してくれるという気持ちが一〇〇パーセントではなく、そこに欠けがあったことが残念で仕方がなかったのである。私の友人の述懐《じゅっかい》によると、その別荘の持ち主は皆を招待して喜ばせようとしたのではなく、別荘を人に見せびらかしたかっただけであると邪推《じゃすい》せざるをえなかったという。

招待はとことん徹底的に

招待をするときは徹底的にする。ちょっとでも手抜きをしたら、その手抜きの部分だけが欠陥として考えられるのではない。さらに、招待をしたことが全体としてマイナスの評価を受ける。最初から招待をしないほうが、まだましである。マイナスよりもゼロのほうがいいに決まっているからだ。

一方、私の友人には招待上手な男がいる。別荘に招いてくれるときは、その別荘のある地の駅までの往復の旅費は自分たちで負担するが、その駅を出てからそこに帰ってくるまでは、すべて彼が支出する。私たちには金をいっさい使わせない。

タクシー代であれ外で飲む酒代であれ、外食したときであれ、私たちが金を使うことはまったく許さない。その徹底したサービスぶりには感服するほかない。私たちがちょっとでも金を出そうとする気配を見せたら、すっとんで来て自分の財布やクレジットカードを取り出す。「九仞《きゅうじん》の功《こう》を一簣《いっき》に虧《か》く」という結果になることを恐れているかのようだ。せっかく招待しているのだから、すべて自分が支払わないと恥をかくとでも考えているのであろう。私たちとしては、その厚意に甘えるのが、彼の気持ちに応える術《すべ》だと思っている。

金の出し方、もらい方

誰でも金は欲しい。人がくれるといったらもらいたいと思う。しかしながら、もらう正当な理由がなかったら、ためらう。たとえ喉《のど》から手が出るほど欲しいと思うときであっても、相手がなぜくれようとしているかがわからなかったら、もらおうとはしない。「金は魔物」であって、怪《あや》しく怖いものである。その背後に何が潜《ひそ》んでいるかわからないからである。

金をもらったはいいが、それに対してはいくつかの条件がついていることが多い。それを知らないでいたら、後からさまざまな条件を持ち出されて、ひどい目に遭《あ》う確率がきわめて高い。金に限らず、もらうものが魅力的であればあるほど、気をつけなくてはならない所以である。「ばらに刺《とげ》あり」ということを忘れてはならない。

金をもらうという簡単な受け身の行為でさえ、このように難しい。それにも増して難しいのが、金の出し方である。金を与えれば皆喜ぶかと思っている人もいるようだが、それは人の心理や事情などをまったく斟酌《しんしゃく》しない人だ。そこで結局は、皆に嫌われるかバカにされるかで終わってしまう。

相手がその時点で欲しいと思っているかどうかを、正しく見極める必要がある。また、欲しいと思っていても、自分が出して受け取るかどうかの判断もしなくてはならない。さらに、金を渡すタイミングを間違ったら、受け取ってもらえないだけでなく、逆にお互いの人間関係にまで亀裂が生じることになる場合もある。

特に、友人同士の場合には、いっそうの慎重さが要求される。「金を貸せば友を失う」といわれている。債権者と債務者との関係になるので、平等な立場に立っているはずの友人同士のバランスが、多少ではあれ狂ってくる。少なくとも心理的には、上下関係が生じるからである。

また、もし約束どおりの返済がなされなかったら、気まずい空気が漂《ただよ》ってくるだけではなく、敵対する者同士になることさえある。金の贈与についても、貸借の場合と同様だ。もらったほうは返済しなくてもいいのであるが、それだけに精神的には負《お》い目を感じて、それは引け目という意識につながっていく。

上手な金の活かし方

親友が金に困っているのを見たら、助けてやりたいと思うのが人情である。だが、自分に金銭的に余裕があるからといって、そこで直ちに金を出して与えようとしたのでは、友人としても体面があったりして、受け取ろうとはしないだろう。

同情とか思いやりは、あわれみと紙一重である。人にかわいそうだと思われたのでは、プライドが傷つけられたと感じるので、その厚情をすぐに受け取ることはできない。友人の親切心から出た贈与の申し出であっても、心ならずも拒絶せざるをえない。

したがって、金を出そうとする友人としては、そのような心理状態から脱却して相手が素直になると同時に、現実的になるような方便《ほうべん》ないしは理由を考える必要がある。たとえば、思いがけなく親の遺産が手に入ったとか、土地が高い値段で売れたとかの事実があれば、このうえない。また、羽振りのいい連れ合いが援助を申し出ているといえば、相手も多少は受け取りやすくなるだろう。

親友同士であれば、相手が小さなプライドに拘泥《こうでい》していることに気づかせて、たまには自分に「甘えて」みるようにとすすめることくらいはできるはずだ。もしそれができなかったら、親友同士だと思っていても、実際には心を許し合っていない者同士である証拠だといっていい。

お互いに敬愛し合っている人たちの場合、自分の心を開いて相手の心を推《お》し量《はか》ってみれば、お互いに思っていることがわかって、そこから心を一つにすることができる。阿吽《あうん》の呼吸である。自分を無心にして相手のことのみを考えていれば、自然に息は合うものだ。

茶道においては、亭主と客、客と客同士がお辞儀《じぎ》をする場面がいくつかある。それをどの時点でどのようにするかは、すべてルールで決まっている。だが、お辞儀の仕方を格好よくしようとか、手をついて頭を下げる瞬間を間違えないようにしようとか考えていると、両者のタイミングが合わない。どちらかでも自分勝手な考え方をしていたら、チグハグな結果になるのである。

お互いが相手を尊敬しながら相手の心について考え、それに自分の心を合わせようとして集中力を高めていけば、両者のお辞儀は手をついて頭を下げ、それから頭を上げるまで、ぴったりと息の合ったものになる。そのときが心と心が触れ合う醍醐味《だいごみ》を味わうことができる機会だ。金の出し方やもらい方についても、このような心掛けが必要になる。「精神一到《いっとう》何事か成《な》らざらん」である。

寄付金の行方

政治資金パーティーには、私も時どき参加していた。私の関係している企業が購入した券をもらって出席したこともあれば、私自身が郷里や友人との関係で券を買い、というよりも買わされて出たこともある。一枚あたりの金額にしては、そこそこの会場で催されるとはいえ、飲み物や料理も大したものではない。

政治家とのつきあいで買わされている企業が多いであろうから、売れた券の数と同じ人数が出席することはない。そこで下種の勘繰《かんぐ》りであるといわざるをえないが、集めた金額と実際の経費との差額を計算してみると、政治家の手許に残る金額について、だいたいの見当がつく。巧妙な資金集めの方法を考えたものだと感心せざるをえない。

政治家が政策を策定したり政治的な難局を乗り切ろうとするときなどに、よく使う台詞《せりふ》に「皆で知恵を出し合って」というのがある。だが、その後の経緯などを追って見ていても、知恵を出し合った形跡はない。もともと知恵がないのか努力をしなかったのかわからない。となると、その場における単なる逃げ口上《こうじょう》であったと断じざるをえない。

ところが、資金集めのパーティーなどを考え出すときは、すなわち自分たちの利になることを考えるときは、知恵が大いに働くようだ。だが、このような知恵は、同じ知恵であっても「悪知恵」のカテゴリーに属する。自分たちだけで協力して「出し合って」はほしくない知恵だ。

政治に金はつきものである、というのが彼らの大義名分らしい。だが、そのような理由だけに従って金を集めるのは、庶民の感覚にはなじまない。もっとも、政治家を自分たちに有利な方向へ誘導しようとする企業や団体にとっては、都合のいいことであったり必要悪であったりするのだろうが。

そもそも寄付というのは、何ら拠出する義務がないにもかかわらず、それぞれ自発的にする献金である。必要な金がなくて困っている人が、有意義に使ってくれることを目的としている。出す人の善意ともらって使う人の善意とがマッチするところに、社会的な意義がある。どちらか一方に悪意があったときは、無残な結果となる。

寄付が成立するためには、両者の心が清廉潔白《けっぱく》であることが条件であり、それが理想的なかたちである。ところが実際によく見られる寄付には、金銭や名誉に対する欲が絡まっている場合が多い。とくに寄付する側には、見栄《みえ》の要素や売名の目的などが潜んでいるので、それを見て心ある人たちは胸を痛めている。

長者の万灯よりも貧者の一灯

「長者の万灯《まんとう》よりも貧者の一灯《いっとう》」という諺《ことわざ》がある。金持ちが見栄で捧《ささ》げる万の灯明《とうみょう》よりも、貧乏人が苦しい家計の中から真心を込めて捧げる一つの灯明のほうが尊くて価値があるというものだ。寄付についていえば、金額が多いことよりもそこに込められた真心のほうに価値があるとする考え方である。

金に困っていてもらう側から見れば、実際には少額よりも多額のほうがいいに決まっている。

だが、あえて金持ちの多額の寄付には価値が低いとするのは、そこに不純な動機が含まれている可能性が大であるからだ。

東日本大震災に際しては、あちこちで募金運動が行われ、そこに多くの人々の善意が寄せられている。資本主義の中に生まれてきた悪の要素の一つである拝金《はいきん》主義が蔓延《まんえん》している昨今の情勢の中にあって、これほどの善意が見られたので、ほっとしている人も多いはずだ。だが、そのあちこちに、釈然《しゃくぜん》としない点も見られる。

集まった金の行方《ゆくえ》がはっきりとしないことである。コンピューター社会の網がこれほどまでに広範かつ細部にわたって張り巡らされている現在だ。政府機関のどこかで、集まった金とその行方について、詳しく把握できるようにならないものか。それができないのは怠慢《たいまん》なのか、それともそうすると都合の悪いことがあるのだろうか。素人《しろうと》としては疑問に思わざるをえない。

また、新聞などのメディアが寄付した人々の名前と金額を載せている。それは金額の多い人や企業からの順番になっている。これは一灯よりも万灯を重視している表れであり、人々の見栄に付け込んでいる要素がないとはいえない。拝金主義の考え方が、図らずも露顕《ろけん》しているといったら、皮肉がすぎるであろうか。

寄付はもともと匿名《とくめい》でするものだ。名前をいった途端に、見栄だとか売名だとかいわれて、「偽善」の要素や意図があるものと思われても仕方がない。とくに金が絡まってきたときには、善を為《な》すときもできるだけ謙虚な姿勢を堅持して、さらにできれば、こっそりとするのが「美学」の常道である。

貴賤は善悪にあり

「汚く稼いで清く暮らせ」という諺がある。いろいろな理解の仕方があるようだが、私は、金を稼ぐときは汗を流して懸命に働かなくてはならないが、金を使うときはきれいな使い方をして清らかな暮らし方をするのがいい、と解釈している。

いわば汗まみれになって手に入れた金を見掛けもきれいな金にして、すなわちいい意味でのマネーロンダリングをしてから使う。その金の素性《すじょう》や入ってきた経緯がわからないようにして、清々しい使い方をするのである。それは粋《いき》な生き方にもつながっていく。

まずは自分自身が労働をして、金を手に入れるというのが出発点である。資本主義社会では、人を使って金を稼ぐというパターンは当然のことになっている。その方式は別に非難されるべきではないが、使われている人たちの手にする金と、人を使って自分が手にする金との間に、あまり大きな差があってはならない。

人を使うという作業をする場合も、相応な労働という部分がなくては、いわゆる労働者の搾取《さくしゅ》という問題が生じる。それでは、社会的な公正と公平が保たれない。そのような意識が世の経営者に欠けているのが、持てる者と持たざる者との格差が広がってきた原因の一つであろう。

　また、資本家にならなくても、あまり努力をしないで金を稼ぐ方法はある。だが、そこにうそ偽《いつわ》りの要素が入っていたのでは、それは人間としての堕落《だらく》である。きちんと労働をするという基本的な姿勢から外れているからだ。

悪魔のささやき、天使のささやき

　今から四、五年前のことである。ある出版社から刊行された著書がかなりの売れ行きを見せていた。そこで、その内容を題材にして一度小説を書いてみないかという提案を受けた。そのようにすすめられたのは初めてであったので、私も乗り気になった。話がすぐにまとまり打ち合わせをする日がやってきた。

　その場に行くと、編集者以外に見知らぬ人がいるので、不審に思った。紹介されて名刺交換をすると、ライターだという。突然であったので一瞬とまどったが、気を取り直してどのような手順で仕事を進めるのかを聞いてみた。

　すると、三日間くらい割《さ》いてその人と会い、一日に五、六時間話すだけでいいのだという。それをその人が小説に仕立てた後で私が校閲すると、一冊が出来上がるという寸法だ。もちろん、私は小説を書いた経験もないので新米ではあるが、それでは私の著書にはならない。

雑誌などの取材を受けるとき、自分がしゃべっていると、書いたときには出てこないアイデアが湧いてくることが頻繁にある。その点を考えると、ライターに書いてもらうことにも、ちょっとした魅力を感じた。さらに、自分が費《つい》やす時間が少なくて本が出来上がるのは、「商売」としては効率がいい。印税率は少し低くなるとしてもだ。

金が楽に入ってくるというのは、「悪魔のささやき」で、それに耳を貸すのは堕落への第一歩を踏み出すことである。それに、それまで原稿用紙に向かってシャープペンシルで一字ずつ書いてきた、私の執筆のスタイルが崩れてしまう。

内容は私の話したことに基づいているとはいえ、人が書いたものを校閲しただけで、その本を自分の著書だといえば、それは明らかにうそ偽りである。うそ偽りをいうのは悪であって、正しいことをしなくてはいけないというのは、「天使のささやき」だ。

できるだけ安易な方法で金を手にしようとするのは、人間の自然な願いである。だが、その方法の中には、うそが入っていないことという条件がある。「うそつきは泥棒の始まり」といわれているように、うそをつけば犯罪の道に向かって歩み始めることになる。「うそも方便」であって、事を円滑《えんかつ》に進めていくためには、時にはうそをつく必要もある。だが、そのうそが自分の利へとつながっていくときは、いってはならない。でないと、直ちに悪にはならないまでも、少なくとも自分の品格を落とす結果になることは間違いない。

さて、私の小説の話であるが、何とか独力で仕上げた。その出来栄えについては、自分なりには満足したし、担当の編集者にも褒めてもらった。だが、重版の声は掛からなかったので、もちろん評判になることはなかったようだ。しかし、私としては筋《すじ》を通して、ゴーストライターの世話にならなかったことには満足している。

安易に儲かる道には、多くの誘惑が待ち受けている。自分の耳の中で悪魔やその一味がささやいたときは、すぐに天使や正義の味方を呼び出してその意見を聞いてみる。貴賤《きせん》は善悪にあることを忘れてはならない。

第四章　自分を大切にする

中庸で臨機応変に

相手がどんな人であっても、分け隔《へだ》てなく同じような姿勢で接していくべきだというのは、誰でも知っている。だが実際には、時と場合によって、人への接し方は異なってくる。相手が自分より上だと思ったらより丁重《ていちょう》にし、下だと思ったら多少はぞんざいになる。またそうしなかったら、相手も不審に思ったり、気味が悪くなったりするだろう。

人はその場の情況に応じて臨機応変《りんきおうへん》に振る舞っているのであって、それが自然であり、よくも悪くも人間的なところである。ただ、その接し方の違いの程度が甚《はなは》だしいとき、人は嫌がられたり非難されたりする。下の人に対して威丈高《いたけだか》になる人が、上の人に向かってはへいへいするような場合だ。

相手の人によって態度が豹変《ひょうへん》するので、人格が統一されていないと感じる。それに、人間は皆同じ人格を持っていると考えておくという、つきあいの大原則を忘れている。結局は人づきあいの下手《へた》な人である。いわば、臨機応変にする度合いが過ぎているだけであるともいえる。

見方を変えると、相手の人によって口のきき方や振る舞い方が異なるのは、他人志向であり他律的であるということだ。「相手中心主義」になりすぎて、主体性を見失っている。その場限りの短期的な観点から見れば、相手に焦点を合わせて適切に振る舞っているといえなくもない。

だが、最終的には独立独歩で生きていかなくてはならない人間としては、主体性を確立し堅持していく必要がある。すなわち、自分を大切にして自律的になり、「自己中心主義」にならなくてはならない。いい意味での利己主義に徹するのが、どんな人に対しても同じような接し方ができるようになるための条件である、ということもできるだろう。

だが、その場合でも自主性をどこまでも貫《つらぬ》こうとすれば、頑固《がんこ》で融通《ゆうずう》のきかない人となって、結局は礼を失する結果にもなりかねない。時と場合に応じてフレキシブルに対応して、中庸《ちゅうよう》を保つ生き方をすることも忘れてはならない。そのためには、常に豊かな常識を身につけ、バランス感覚を磨《みが》く努力を続けていく必要がある。

上に媚び、下に威張るは最悪

現実の場では、相手が自分より上であれ下であれ、顔色をうかがって、その場の情況を見極める努力を惜《お》しんではならない。その場の空気を読むのである。そこで相手の気に入られるように礼儀正しくする必要はあるが、ご機嫌を取ろうとしてはならない。相手の機嫌を客観的に観察したうえで、相手が抵抗を感じないような接し方をしていく。その際に重要なのは、とくに相手が自分より上に位置する人の場合であるが、卑屈《ひくつ》にならないことである。

自分の矜持《きょうじ》は常に胸の中に畳《たた》み込んでおいたうえで、相手に対して堂々と、しかしながら親切にする心掛けを忘れないで接していく。自分の矜持だけではなく、相手にも矜持があることを肝《きも》に銘《めい》じておく。それが自分が卑屈にならないと同時に、相手に対しても礼を失しない言動をするための心掛けだ。

上の人に対しては媚《こ》び、下の人に対しては威張《いば》るというのは二重人格であって、人から信用されることはない。媚びている相手としては、その時点においては持ち上げられているので、気分は悪くない。適当に応じているが、信頼できない奴だとして心の中では軽視している。いざというときには重用《ちょうよう》もされないし、重要な仕事を任せてもらえることもない。

だが、上司にもその点の見分けがつかないような人もいる。いつも取り巻きにかしずかれて喜んでいる。外からの攻撃に対してもがっちりと守られているので、「裸の王様」になっている。

周囲には忠言をするような勇気のある者が一人もいなくなっている。

私がコンサルタントとして仕事をしていた企業に、ワンマン社長が君臨《くんりん》していたところがあった。号令一下皆が即座に行動を開始するので、機動性に富《と》んでいた。だが、イエスマンばかりなので、その点は何回も指摘しておいた。

仕事の成果が上がったときに皆が喜ぶのは当然である。だが、いい成果が上がったといって喜ぶのではなく、皆が異口同音にいうのが、「社長のご機嫌がよかった」という台詞《せりふ》であった。仕事や事業の出来栄えの判定基準が業績の善し悪しではなく、ボスの機嫌なのである。仕事自体に打ち込むのではなくて、社長の機嫌を取るのが仕事になっていたのである。

そのうちにその企業が破綻《はたん》したというニュースを聞いた。残念であるが当然の結末であったともいえる。皆が媚びるのに多くのエネルギーを傾注して、仕事がおろそかになっていたからだ。

煙たい人を避けない

仲間のグループの中では、皆仲よくしているようでも好き嫌いはある。すぐにくっついて話をし始めて、長い会話が続く相手もいれば、挨拶《あいさつ》や月並みな話をするくらいで、お互いに時間を持て余す相手もいる。

後者の場合には、何となく毛嫌いしている人や、苦手に思っている人がいる。社交的ということを考えなかったら、できれば近寄りたくないと思っている相手だ。

自分と共通点もなく興味のある話題も異なっている。いわゆる反《そ》りの合わない人である。だが、この人たちはまだいい。自分にとっては毒にも薬にもならない。極論すれば、まだ時間つぶしの相手としては役に立つからである。

ところが、積極的に避けたいと思っている人がいる。会ったり、ましてや話したりすると、自分が不愉快になる。必ず嫌味をいったり、人の欠点を指摘するなどして非難がましいことをいったりするからだ。嫌であったら避ければいいと考えるのは、当たり前だ。だが、その前になぜ嫌であるのかを考えてみる。たとえ、相手は悪意を抱いたうえで自分を攻撃しようと思っている場合でも、それは自分に欠点や失敗があったからである。

欠点や失敗を隠そうとするのは人情だ。しかしそうすることによって、自分の世間体《せけんてい》を繕《つくろ》おうとするのであったら、欠点を直したり失敗から学んだりすることはできない。自分から進んで欠点や失敗を公表することによって、自己のさらなる向上を図《はか》るべきではないか。

そのように考えると、自分を批判する人は、自分が反省して自己を磨くようにと、後押しをしてくれる人である。少なくとも、その点を気づかせてくれて、向上への端緒《たんしょ》を開いてくれている。厳しくむち打ってくれる教師のような人だ。感謝こそすれ、敬遠したりしたら罰《ばち》が当たる。

「良薬は口に苦し」である。効能がある薬は苦くて飲みにくい。とはいっても、最近は患者もお客様としての扱いを受けるようになり、飲みやすい薬になってきてはいる。自分の人格向上や能力増強に役立つ批判は大いに歓迎して、よく嚙《か》みしめて味わい、自分のために役立てたほうがいい。

また、「忠言《ちゅうげん》耳に逆らう」ともいわれている。忠告は、自分のためになっても、聞きたくない。そうであれば、自分が聞きたくない話は、自分の痛いところを突いているので、それを咀《そ》嚼《しゃく》してみれば自分のためになることがある、ということもできるであろう。

悪口にも三分の理

たとえ悪口であっても、それに耳を塞《ふさ》ぐのは賢明な人のすることではない。「泥棒にも三分の理《り》」と同じように、「悪口にも三分の理」で、どこかに正しいところがある。相手は悪意を持っていったことであっても、そこに真実のかけらでもあれば、それは参考にしたほうが得だ。どんなことでも「善用」しようとする「貪欲《どんよく》」な姿勢である。

私も時どきインターネットで自分の名前を検索してみている。すると、著書について読者が書いた多くの感想にぶつかる。なるほどと思ったとか役に立ったとか書かれていると、当然のことながら気分がいい。一方で、こき下ろされたり、いわれなき誹謗《ひぼう》や中傷がなされたりしているのを読むと、以前は嫌になったり腹立たしく思ったりしていた。

だが最近は、冷静になって虚心坦懐《きょしんたんかい》に熟読玩味《がんみ》するようになった。すると、見当違いの部分が多くても、どこかに真実を示しているところが見つかる。私が今まで気づかなかった点を鋭《するど》く突いていたり、私の弱みの指摘があったりする。それはこれからの私の執筆活動だけではなく、人生にとっても貴重な忠告として役立つのである。

仕事の場でも、気詰まりで窮屈《きゅうくつ》な思いをする人がいる。何かあると文句をいったり、すぐに反対しようとする類いの人だ。目の上のたんこぶのような人で、時にはしゃくに障《さわ》る。できるだけ近づけないようにして避けようとしている。だが、たとえその人が何か含むところがあってそのようにしていると思っても、そのいっていることに耳を傾けてみる。最初から反感を抱きながらではなく、先入観を排して、とにかく言い分を聞いてみる。

その言い分に正しい部分があれば、それを率直に認めたうえで感謝するのだ。いずれにしても、煙たい人は避けようとしないで、積極的に自分の近くに置くようにする。自分が片寄った考え方にならないようにと、バランスを保つようにしてくれる大切な人である。

「清濁併《せいだくあわ》せ呑《の》む」ではないが、自分の気に入った人のみならず、否《いな》、それにも増して、自分が遠ざけたい人が常に自分の近くにいるようにする。それは自分の人格と能力を一段と高い段階に押し上げていくために、大いに役立つ考え方や行動様式である。

間違いだらけの一期一会

「一期一会《いちごいちえ》」という言葉があるが、最近は時どき独り歩きをしている気配を感じる。すなわち、本来の意味から逸《そ》れていって、勝手に別の意味に使われている場合をあちこちで見掛けたり聞いたりする。

たとえば、こんどの演奏会は一期一会の催《もよお》しで、もう二度と行われることはない、というように使われる場合だ。そのような顔合わせが実現することは、これまでにもなかったし今後もありえないので、見逃したら損だというのだ。すなわち「空前絶後」の催しであるとか、「千載一遇《せんざいいちぐう》」の機会であるとかいうときと、同じような意味に使われている。

もちろん、「一期」は一生とかの意味であるし、「一会」は一回の出会いである。したがって、一生に一度しか出会うことのない場合に使っても、あながち間違いだということはできないだろう。

だが、この言葉が大切に使われるときの意義は、単に稀有《けう》な場合であるからといって、その出来事や現象の重要性を強調するためではない。茶の湯でよく使われるが、それは一つひとつの出会いを一生に一度限りの機会であると思って、大切にしなくてはならないという「教え」である。

茶席に臨《のぞ》むときに、それが唯一無二の機会だと考えれば、お茶を点《た》てて接待をする側であれそれを飲む客の側であれ、どちらも相手に対して誠心誠意尽くさなくてはならない。同じ人たちと同じ茶室の中で相まみえることは、何回もあるかもしれない。だからといっていい加減に振る舞っていたのでは、心と心とを合わせることはできない。

過去や将来のことを考えることなく、今現在この瞬間に全身全霊を込めていくという考え方だ。「いま」を大切にするという意味では、一種のいい意味での「刹那《せつな》主義」であるということができるかもしれない。

仕事の場であれ個人的な生活やつきあいの場であれ、自分の目の前にいる人に真心を尽くし、集中することの重要性を教えている。自分が大切だと思う人には一所懸命に努めるのは、誰もができることであり、していることである。そのときだけではなく、日常的に接している人に対しても、その都度《つど》全力を傾注するべきだというのだ。

割り込みはしない

自分が相対している人や話し合っている人は、それなりの「縁《えん》」がある人である。その縁を大切にして、この人にはもう二度と会えることはないと考えてみる。そうすると、その人だけのことを考えて、話したり接したりすることができるのではないか。となれば、緊急事態が発生したとき以外には、ほかの人の「割り込み」を許すことはないであろう。

その点に関しては、携帯電話を使っての話は、多くの場合に割り込みになる可能性が高いので注意を要する。目の前で話し合っている相手がいるのに、携帯電話が鳴ったら、その電話を受けて話そうとするのは、人間関係のマナーには反する。

先着順というのは、この世の大原則である。先にすでに話している相手がいるのであるから、その人との話が終わらない限りは、次の人と話すことはできない。割り込みを認めたのでは、この世の大原則がないがしろにされてしまう。

目の前にいる人に一応は「失礼します」などといって、携帯電話に掛けてきた相手と話をする。一見したところは礼儀正しいようにも見える。だが、「失礼します」といえばいいものではない。自分の都合だけ考えて自分の一存でいうのであるから、それは一方的な宣言である。したがって、そういうこと自体が礼を失する行為だ。

せめて、「失礼していいですか」といって、かたちのうえだけでもいいから相手の了承を得ようとする必要があるだろう。それは慇懃無礼《いんぎんぶれい》でしかないという人がいるかもしれない。だが、慇懃無礼という熟語の中に無礼という言葉が入っているといっても、やはりまだ礼儀のカテゴリーに入るのではないか。

また、割り込みの電話が「重要な用件であったので」などと言い訳をする人がいる。もしそうであったら、現在話している相手との話はそれほど重要ではない、といっているにも等しいことになる。これもまた失礼な結果となるであろう。

瀕死《ひんし》の重病人を目の前にした医師や看護師が、掛かってきた館内携帯電話に出るために「失礼します」といって出て行ったとしたら、どうなるかと考えてみればいい。もちろん、これは極端な例であるが、そこに物事の道理が明確に示されている。

どのような場合であっても、自分の目の前にいる人に集中して尽くす努力をしてみる。それが、一期一会という言葉がいわんとし教えようとする中心的な精神である。実際には骨の折れることであるが、忘れてはならない。

茶道で人間関係のあり方を学ぶ

昔は習い事は六歳の六月六日に習い始めるという風習があった。その習い事の主流は、歌や三味線《しゃみせん》や踊《おど》りなどの芸事であったが、茶道も一応は同列に考えられていたようだ。もちろん、そのような習い事は、ほとんどの場合に女子を対象にしていた。女らしさを身につけるために必要な情操教育の一環として捉《とら》えられていたのだ。

また、茶道と華道については、女性が習って実践できるようになっておくのが、結婚をするための前提条件であるとされていた時代がある。花嫁修業の必修課目になっていたのである。その考え方は今でも細々と残ってはいる。

確かに日本の伝統的な家庭の主婦になるには、茶道や華道の素養はきわめて有用である。日々の生活環境をきれいに保ったうえで、潤《うるお》いの要素をあちこちにちりばめるために必要なことが、習い修めていく中で身についてくるようになっている。人づきあいをしていく中でも、茶道の中に織《お》り込まれている礼儀作法のルールや教えが生かされてくる。そこで人間関係がスムーズに進行していく結果になるのだ。

ビジネスの第一線で活発な活動を続けている人でも、しっとりとした人への配慮が行き届いている人に出会うことがある。聞いてみると、茶道を小さいときから習っているということがわかったりする。茶道をはじめとする伝統的な日本文化のにおいが、その人に染《し》み込んでいる。それが、ビジネスの場での言動にも、じわじわと染み出てくるのである。

戦国の武将たちは茶道に大いなる関心を抱いて、のめり込んでいったといわれている。殺伐《さつばつ》とした戦いと権力闘争の中で、たとえ一時的にでもやすらぎを求めたり芸術的感興に浸《ひた》ったりしたいと思ったことは、容易に想像できる。

それに「亭主の好きな赤烏帽子《あかえぼし》」で、ボスが好きだといえば、その下に従う武将たちも同調せざるをえなかったであろう。戦国時代のボスはすべて暴君である。追随しなかったら、自分の首が飛ぶであろうことは明らかであったはずだ。

だが、武将といわれる荒くれ男たちが、茶道という精神性と芸術性を兼ね備えた「文化」を、たとえかたちだけでも好んで実践したことは、かなりに評価できる。そこに人間性の片鱗《へんりん》を見ることができるからである。

お辞儀の仕方ですべてわかる

現代の武将は、政治やビジネスの第一線で活躍する人たちである。戦国時代の武将ほどには勇《ゆう》猛《もう》果《か》敢《かん》ではないようだが、利に対する聡《さと》さについては「天下一」といっていいくらいに鋭い。それも自分自身の利を第一に考えている。

そのように利己的な方向性に凝《こ》り固まっている考え方や行動様式を是正するためには、何か人間味を加味したものを導入していく必要がある。ハードな頭にソフトな心を付け加えていって、人間社会をオールラウンドに見ていく術《すべ》を覚えてもらわなくてはならない。そのためには、茶道のアプローチは非常に有用である。

茶道の中には、お茶の点《た》て方や飲み方を中心にして、あらゆる身の処し方が含まれている。お辞儀《じぎ》の仕方一つにも、人を敬《うやま》っている心をどのようにしたら表現でき、相手に的確に伝えることができるかが示されている。そのお辞儀の仕方についても、何回となく練習を続けなくてはならない。それが様《さま》になってくるころになると、人とのつきあいの出発点は相手を敬うところにあることが、自然にわかってくる。

カタチを学んでいけば、ココロがわかってくるのである。カタチはココロがなかったらカタチにならないし、ココロはカタチがなかったらココロにならない。人にココロを伝えようと思ったら、カタチという媒体が必要であり、カタチを整えようと思ったらココロという中身が必要なのである。

「心を込める」という表現があるが、ココロを入れるには、カタチという容器がなくてはならない。ココロだけではなく、カタチも重要である所以《ゆえん》である。

お辞儀一つにしても、これほどの修業を積んで初めて、そこそこのことができるのだ。ニュースやドラマをはじめとするテレビ番組に出てくる人たちについて、お辞儀の仕方を観察してみるといい。カタチがよくてココロが表現されているお辞儀を見ることは稀《まれ》である。たかがお辞儀、されどお辞儀などと、悠長《ゆうちょう》なことをいってはいられない。常にぶれないお辞儀の重要性がよくわかるはずだ。

茶道には生き方の道筋が、あらゆる動作や約束事の中に的確に示されている。美しく生きていきたいと思ったら、足を突っ込んでみて、少しずつ深みにはまっていっても、まったく「損」はない。

自分を棚に上げない

情報化時代といわれてから久しい。携帯電話やパソコンなどをはじめとする情報機器の開発や発展が目覚ましい。それらを利用すると、地球規模の巨大な通信網であるインターネットに、誰でも簡単にアクセスをすることができる。そこでは情報を入手するだけではなく、発信することもできる。

昔は、情報は一部の人たちだけが持っていて、その力を利用して人々やマーケットを操作することができた。だが現在は、重要度の高い、かなりの量の情報を、多くの人が共有できる。いわば、情報の民主化である。ただそれだけに、インターネット社会における情報は勝手に独り歩きをするし、そのスピードも「走り回る」といったほうがいいくらいに速い。

そこで、人々はよく考えもしないで、というよりも考える時間がないので、入ってきた情報をそのまま信じてしまう。そこに腹に一物《いちもつ》のある人が付け入る隙《すき》があるので、注意を要する。したがって慎重に考える習慣のある人は、インターネット上を流れている情報に対しては、眉《まゆ》につばを塗《ぬ》って自分自身でチェックする姿勢を崩してはいない。

ところが、新聞やテレビなどのメディアから流れてくる情報については、多くの良識ある人たちも、そのまま受け入れている場合が多い。ひととおりではあれ、知識人たちのグループがチェックしたうえであると考えているからである。新聞やテレビは、それぞれの組織によって考え方が多少は異なっているとはいえ、報道する内容はほぼ画一《かくいつ》的だ。

テレビ局の場合は、専門家と称する人たちが入れ替わり立ち替わり出てきて論評を加えるが、これもだいたいは似たり寄ったりの内容である。タレント紛《まが》いの人たちも現れて、スクリプトに従った話をするので、そのいうことは聞かなくてもわかることばかりだ。

さらに、時局などについて街中で聞く話の内容も、大方はメディアの報じるところに従っている。それをあたかも自分の意見や論評であるかのごとくに、口角泡《こうかくあわ》をとばしてしゃべっている。「受け売り」にちょっと色がついているだけである。

政治や経済の流れに反感を覚えたり憂《うれ》えたりしているのである。だが、それを聞いていると、一億総白痴《はくち》化ならぬ「一億総評論家化」になっているような感じを受ける。もちろん、本来の評論家は、自分なりの考え方に従って、物事の善し悪しや優劣などを論じて、正しいと信じる価値判断を下す人である。そのうえで社会がよくなる方向性を示唆《しさ》する。

だが、テレビに出たり街中で話している「評論家」たちは、せいぜい憂《う》さを晴らしているだけである。それでは発展性がない。自分の足下をよく見て、自分自身が現在何をしているかを、はっきりと見極めるのが出発点であろう。

知らぬは本人ばかりなり

自分のことを棚に上げて、とやかくいっても始まらない。日常の小さなことの一つひとつについて、正義を貫いているかを謙虚にチェックしてみるのが先だ。すなわち、自分のことを「棚上げ」にしないで、逆に「棚卸《おろ》し」を心掛ける。自分の悪いところも率直に認めたうえで、改善できるところは改善していくのである。

その自分の棚卸しについても、自分では自分のことはわかっていないものだ。それは意外というよりも、よく考えてみれば当たり前である。私たち凡人としては、自分は自分がいちばんかわいい。そこで、どうしても自分の悪いところには目をつむろうとする傾向がある。

女房の浮気に気づいていない亭主のうかつさを笑った「知らぬは亭主ばかりなり」という元は川柳《せんりゅう》の諺《ことわざ》がある。それと同じように、癖《くせ》や欠点については、周囲の人たちは皆知っていても、自分自身は気づいていないものだ。「知らぬは本人ばかりなり」なのである。したがって、家族や親友などの自分の周囲にいる人たちに対して、率直な姿勢で謙虚に、自分の行動様式の、とくに悪い点について聞いてみるといい。

すると、自分の知らなかった自分の姿が浮かび上がってくる。そこから悪いところを一つずつ矯正《きょうせい》していく。そのようにしていって初めて、世の中のことや人のことをとやかくいう資格が備わってくる。自己分析と反省、それに矯正への努力をするのが先なのだ。

「自分のふり見て人のふりいえ」というのが原則である。自分のことをきちんとしたうえであれば、辛口の批判であっても堂々ということができる。自信を持っていっていることなので、人々に対する説得力も増してくる。ただ皆の尻馬に乗っていうだけであったら、単なる社交術の一つとして役立つだけだ。ひまつぶしにはいいかもしれないが、自分自身の意見ではないので、自分の平凡さをいっそう浮《う》き彫《ぼ》りにする結果になってしまう。

手柄を独り占めする人

メディアを揺《ゆ》るがすような不祥《ふしょうじ》事が起こったとき、皆が駆《か》けつけて当事者からコメントを取ろうとする。大きな組織の場合は、記者会見をするなどして、釈明や謝罪をする。そのようなときには、企業であれば総責任者である社長が矢面《やおもて》に立つのが、正しい対応の仕方である。

以前は当該部門の部長や担当役員が出てきていたが、昨今は組織全体のトップが会見をするようになってきた。これは大いなる進歩であるとして評価していい。だが依然として副社長や専務クラスに任せている場合も、時どき見られる。そんなときは、その会社のトップには実質的なトップになる資格がないと断じても、まずは間違いない。

会社が不測の事態に直面したときや危機に瀕したときこそ、トップが先頭を切って収拾を図らなくてはならない。もちろん実際には、真剣になって対策を考えたり解決策を練《ね》ったりしてはいるであろうが、表舞台に出ないで隠れていたのではいけない。社員に対しては示しがつかないし、社会的にも捉えどころのない弱い企業であるとの印象を与える。

「敵前逃亡」にも似た、非常に卑怯《ひきょう》な姿勢である。副社長であれ誰であれ、部下を危険な前線に立たせて、自分は安全な場所に隠れている。そのような行為だけで、即刻罷免《ひめん》という処罰を受けるに値《あたい》する。

普段は後方にあって、作戦を練り全体の動きを見ながら、監督したり調整したりしてもいい。だが組織存亡の危機ないしはそれに類する事態が生じたときは、陣頭指揮に乗り出さなくてはならない。そんなときこそ、個人的にはチャンスである。自分の存在感を内外に示して、統率力を発揮《はっき》することができるからだ。

自分の都合が悪いときは裏に引っ込もうとする人は、得てして晴れがましい席には必ず出ようとする。業績が向上したときや世間が驚くような快挙を成し遂《なと》げたときなどには、その公表を自分でしようとする。いわば手柄は独り占めしようとするが責任は回避しようとする。それは自分の品性が下劣であることを内外に公表している結果にもなっている。だが、本人はまったく気づいていない。かわいそうな人というほかない。

火中の栗を拾えるか

経営陣に連《つら》なる人に限らず、人が嫌がったりリスクが多すぎたりする場には、積極的に出ていったほうがいい。皆がどのような成り行きになるかを見守っている。よくも悪くも「見せ場」になっているので、いい結果を招来したら拍手喝采《はくしゅかっさい》を浴びることになる。「火事場のバカ力」といわれているように、自分でも思い掛けない力が出てくるので、成功する確率も高い。

また、たとえ失敗する結果になったとしても、ほかの人たちは尻込みをしていたので、非難をする資格はない。心密《ひそ》かに後ろめたい気持ちを抱いているはずだ。少なくとも勇気がある人として、皆の信頼感も増してくるようになる。自ら危険なところに飛び込んで、「火中の栗《くり》を拾う」行為に出たのである。火傷《やけど》をしても、それは勲章と考えることができる。

危機は文字どおり「危ない機会」であるが、機会のもともとの意味は、それをするのに具合のいい時機のことである。すなわち、好機なのである。危機をチャンスと捉えて、あえてそれに立ち向かうのが運を切り開いていこうとする人のすることであろう。

さて、組織の不祥事などに関連して裁判沙汰《ざた》になったようなときに、これまたメディアが当該組織にコメントを求める。それに対して、組織側がノーコメントというのがほとんどの場合である。「まだ訴状を見ていないので何ともいえない」とか、「詳細をチェックしていないので今はコメントすべき言葉がない」とかいっている。

だが、メディアがこぞって感想や意見を聞こうとするときは、世間の耳目《じもく》を引く事件である。組織側としても、内部でいろいろと分析し検討を重ねているはずだ。対応策なども詰めているかもしれない。もちろん、今後の作戦上から手の内を見せたくないのは当たり前だ。

しかしながら、裁判に至るまでの間には、話し合いや交渉などの前哨戦《ぜんしょうせん》もあったはずなので、何らかのコメントはできるはずである。とくに公《おおやけ》の組織や上場企業などの場合は、そのように逃げを打ったのでは、世の不信を買いイメージも低下する。前以《もっ》て準備をしておいて正々堂々と意見を公表すべきであろう。

それに私がいつも不思議に思うのは、「訴状を見ていないので」という企業のところに、それが届いたころを見計らって、コメントを取りに行って発表するメディアの存在した例がないことだ。結局は同じ穴の貉《むじな》であろうと疑わざるをえない。

敵と味方に分けたがる人

この世の中にはいろいろな人がいる。ちょっと油断すると、してやられたりする。そこで気をつけて人に接したりつきあったりしようと考える。というところまではいい。だが、そのためには敵と味方の見分け方はどのようにしたらいいか、などと考え始めると、間違った道に迷い込むことになる。

人を敵と味方に仕分けるという考え方が、そもそもいけない。最初から色眼鏡を掛けて人を見ようとするので、公正の原理に反していて、相手に対して礼を失する行為となる。それほど明確な理由もなく、自分勝手な考え方や見方に従って人を敵と決めつけてしまい、それに従って不公正かつ不公平な扱い方をする。それは大袈裟《おおげさ》にいうと、基本的人権の侵害になるのではないか。

そのような理不尽な行動様式は、国際社会では常々見られる。自国の意に沿った動き方をしないからといって、他国を仮想敵国として位置づける。他国がどちらにも解釈できる行為に及んだときに、仮想敵国であるからといって、それを攻撃的な行動であると決めつけてしまう。その考え方に基づいて、相手国に対して攻撃的な姿勢をとる。

そこに国家間の緊張が生まれて、国際的にも不穏な空気が広がってくる。その情勢がエスカレートしてくると、ちょっとした事実や出来事に触発されて戦闘状態への突入という悲しむべき結果が招来されるのである。

事実ではないにもかかわらず、仮に敵国であると考えたばかりに、結局は仮想が現実になってしまった。先入観や偏見を持って見たばかりに、味方であったかもしれない、または味方になったかもしれない国を敵に回すという愚《おろ》かなことをする羽目になったのだ。

このようなことは、企業間や企業内、さらには個人の日常生活の場でも、常に起こっている。間違いの多くは、自分の浅はかな了見によって、敵と味方という分類をするところに起因している。そもそも分類というのは、同類のものをいくつかの集まりに区分することである。せっかくの同類としてまとまっているのに、それを無理やりにばらばらにしようとする。一体となって仲よくしていた仲間の絆《きずな》を断ち切ろうとするのである。

皆で群《む》れて仲よくしようとする人間の本能に反している。もちろん、自分がかかわり合っている人の中には、自分の意に沿わなかったり、自分に楯突《たてつ》いたりする人もいる。与《くみ》しにくい人たちだ。だが、そこでその人たちをすぐに敵視するのは、いかにも短絡《たんらく》的である。与しにくかったら、与しやすい人になってもらうように努力するべきであろう。

自分が努力するのが面倒だからといって、そのままに放置していたら、自分のほうに相手が寄ってくることはない。そのうちに自分には縁のない人になってしまう。何かの拍子には、相手が自分を敵対視するようになるかもしれない。そこで敵が一人誕生するという結果になる。

溝を埋める努力をしているか

敵とか味方とか非人間的な考え方に従って人を評価しようとする気になったときは、まず自分が人間的な努力をしているかどうかを反省してみる。自分に至らないところがあるのではないか、人によって差別待遇をしているのではないか、人と自分との間に溝《みぞ》があったときにそれを埋める努力をしていないのではないか、などとチェックしていく。

敵がいたら枕《まくら》を高くして寝ることができないだろう。敵がいないほうが、ビジネスの場では仕事がしやすいし、日常生活の場では安気《あんき》にしていることができるだろう。敵がいなくて味方が多いほうがいいに決まっている。

もし自分に敵がいたら、すべて一掃《いっそう》するべく決心する。一掃といっても、残らず払いのけたりやっつけたりすることではない。敵を味方に転向させるのである。まず、嫌だとか気に食わないとか思っている人に対して自分が抱いているネガティブな感情を、冷静になって分析してみる。

その人たちに対してポジティブな感情を抱いている人たちもいるはずだ。となれば、自分のネガティブな感情は何かの拍子に生まれたもので、それが「結晶作用」を起こしてしまっただけではないか。自分が「清濁併せ呑む」という寛大《かんだい》な気持ちになり、度量を大きく構えてみれば、自分の偏見などは吹っ飛んでしまうはずだ。

敵が敵であった原因は、自分にあったのである。「敵は本能寺にあり」という言葉は、本当の目的は別のところにあるという意味でも使われている。だが、それをここでは「流用」、すなわち別の目的に使って「敵は自分自身にあり」といってみたい。そのように考えて、周囲にいる人たちを一人ずつ味方にしていくのだ。そうすれば、人間関係においては自分の行くところ敵なし、すなわち無敵の自分が出来上がってくるだろう。

人ではなく金におもねる人

企業の粉飾《ふんしょく》決算が時どき問題になって、メディアを賑《にぎ》わしている。大企業の場合は監査法人が会計その他のチェックをしているので、重大な間違いはないと思われている。だが、素人《しろうと》でも不審を抱くような決算報告書が、そのまま「適正に処理されている」ことになっている場合は少なくない。

それは、投資家や取引先や社員をはじめとする利害関係者の目を欺《あざむ》こうとするものである。経営者や監査法人などによる「共同謀議」であり、単に辞めさせたり罰金を取り立てたりして済むようなことではない。損害賠償金を支払わせ、重い罪を負《お》わせなくてはならない。

最近は、いわゆる経済犯に対しても刑の執行がかなりの程度で行われるようになってきているが、まだまだ甘い。悪い奴は徹底的に懲《こ》らしめる必要がある。さもないと、不法に利を得ようとする者を根絶することはできない。

大企業の粉飾決算や脱税などは新聞種《だね》になるが、それは氷山のほんの一角でしかない。街中のあちこちでは、大小の脱税が頻繁に行われている。それについて告発者ないしは密告者を募《つの》ってみれば面白い。その身元に関しては完全に秘密を守り、身柄を保障することにすれば、どうなるかを考えてみればいい。

脱税者ないしはそうなる可能性のある企業や人に対して恨《うら》みつらみを抱いていたり、正義感の捌《は》け口に困ったりしている人たちは大勢いるはずだ。さらに、密告に対しては賞金を支払うことにすれば、さらに多くの情報が集まる。脱税額に対して賞金をパーセンテージで支払うといえば、いっそう大勢の人が協力するかもしれない。

そうなると、税務当局は大忙しになるだろう。しかしながら、税収がそれだけ増えるので、係官を増員しても元は取れるはずだ。不景気で失業者が溢《あふ》れている時代の要求にも合っているのではないか。

きちんと筋道立てて考えて、適切に業務が遂行《すいこう》できる人は大勢いる。このような流れができれば、脱税で得をしている悪者から、働きたくても仕事がない善人への「金の移転」が可能な仕組みができる結果にもなる。

金の切れ目が縁の切れ目に

街中の脱税では、税理士が一役買っている場合もある。「税理士は、税務に関する専門家として、独立した公正な立場において、申告納税制度の理念にそって、納税義務者の信頼にこたえ、租税に関する法令に規定された納税義務の適正な実現を図ることを使命とする」とされている。

納税義務の適正な実現を図るために、国から資格を与えられている。いわゆるライセンス業であるから、国に対して忠実義務を負っている。一方で、納税義務者である顧客の信頼に応《こた》えなくてはならない。顧客の利益も考えて業務を遂行し、それに対して報酬をもらう。その点においては客は雇い主であるから、その依頼にある程度は従わなくてはならない。

客から考えると、自分の味方になってくれるのか、それとも国の味方、つまり国の回し者であるのかということになる。もちろん、法は曲げられないが、事実をちょっと曲げたり「失念」したりすることがないとはいえない。そのような手加減があることは、人情や報酬がからめばありえなくはない、と推測できる。

国と客の利益は、人間のエゴという要素を入れて考えていくと、はっきりと相反しているのである。その点においては、税理士は二足のわらじをはいているにも等しい。ある意味では危険な仕事であって、小心者には務まらない。

国からライセンスを受けて仕事をしている人だけではなく、万人に法や正義に反してはならないという義務がある。だが、自分が金をもらっている相手に対しては、機嫌を取って気に入られようとする気になるのは、人間という弱い動物の習性でもある。そこで納めるべき金を払わなくても、後から不正が明るみに出たときに払えばいいだろうと安易《あんい》な考え方をする人はいる。

悪いことをしようとする意図《いと》があったかどうかは、なかなか立証するのが難しい点である。そこに付け込む人たちがいても、とくに金に関しては性悪説を認めざるをえない以上は、仕方がないのかもしれない。

自分に利益をもたらしてくれる人には、客であれ誰であれ、おもねろうとする。その気持ちや行為はその人たちに向けられているように見える。だが実際には、その人たちの持っている金を狙《ねら》っているのである。すなわち、おもねっている相手は、人ではなく金だ。その証拠には、その人に金がなくなったら、見向きもしなくなる。「金の切れ目が縁の切れ目」になっている。金が悪の根源であって、すべての利害関係はそこから生まれていることを知らなくてはならない。

マイクを持つと勘違いする人

数年前から大型客船のクルーズを夫婦で楽しんでいる。仕事の中心が執筆になってきたので、スケジュールの調整が自分の都合に従ってより自由にできるようになった。そこで海外に飛んで行って一週間単位の船旅をするのが可能になったからである。

日本から出発して帰ってくるまで、すべての面倒を見てくれるパック旅行を利用している。旅行社の添乗員が同行するので、その指示に従っていさえすれば、すべての移動も簡単にできる。同じツアーの客と「共用」ではあるが、秘書についてきてもらっているようなもので、気楽に旅ができるのがいい。

寄港地で観光をするときもバスであちこちに連れて行ってもらい、その案内や説明は現地のガイドがしてくれる。あらかじめ案内書を見たりして研究をしておく必要もないので、怠《なま》け者の旅行者にとっては、このうえなく便利がいい。

そのガイドの多くは、その地に長く住んでいる日本人で、知識も豊富だ。いろいろなことを教えてくれるので感謝しなくてはならないのだが、ほとんどの人が一癖も二癖もある。とかく説教口調になる傾向があるので、それが気になったり、時には気に障《さわ》ったりする。

一台のバスに乗っている客は二、三十人が普通であるが、クルーズ旅行に参加するのは時間に余裕がなくてはならないので、ほとんどは年配の人たちだ。したがって、説明をする言葉は穏やかなのであるが、嚙《か》んで含めたり教え聞かせたりする言い方になっている。老人ホームではこのような話し方をするのではないか、と考えられるような雰囲気なのである。

年は取っても一週間単位の海外旅行をして、連日の観光もできるくらいであるから、現役で元気に働いている人たちと変わりはない。にもかかわらず、幼児やよぼよぼの老人に対するような話し方をされるので、皆内心では不快な思いをしている。それに、最後あたりにちょっとした自慢話を付け加えるガイドが多いのにも、うんざりした思いをする。

それもこれも、マイクを持って大勢の人に向かって話すので、無意識のうちにではあろうが、自分が偉《えら》くなったと勘違いをするのではないだろうか。

「自分は偉い」という錯覚

ガイドは案内するときも先に立っていく。一行を引き連れて行くかたちになっている。ある意味ではリーダー、すなわち指導者になっているのである。司会者も同じような立場になっている。単に会の進行を図っていく役目であるとはいえ、司会者がいなかったら大勢の人たちを管理していくことができない。その会の進行中は、皆を「支配」することができるのだ。

司会者が「皆さん、お静かにお願いします」というときは、それは言葉としてはお願いであり依頼であるが、内容としては号令であり命令である。それに皆が従わなかったときは、同じことを何度でもくり返していう権利があるのがその証拠だ。

司会の「司」はツカサと読んで、役所、主要な人物などの意味がある。英語ではマスターであり、その意味は支配権を持っている人である。司会者はMC《エムシー》ともいわれるが、それはマスター・

オブ・セレモニーズ、すなわち儀式のマスターの略だ。責任者なのである。

　また、通常は壇上からとか、皆が着席しているときは自分は立ったままでとか、皆より高いところから話し掛ける。したがって、それは物理的には必要なことであるとはいえ、上からの目線になってしまう。そこにも、自分が皆をコントロールしようとする意識が働く理由がある。

　司会者に限らず、大勢の人たちに向かってマイクを利用して話すときは、自分が偉くなったと錯覚《さっかく》しがちだ。祝辞を述べるときなどの場合でも、その場においてその瞬間には、自分にスポットライトが当てられて、自分が主役になっている。だからこそであるが、自分に与えられた時間を超過して、長々と話をする人がいる。それはその日の本来の主役に焦点を当てた祝辞というよりも、自分勝手なスピーチとなっている。人々をうんざりさせて、自分の評判を落とす結果になるだけだ。

　マイクには怪《あや》しい魔力がある。自分の声が増幅されてより強大になるので、自分には力があると錯覚を起こしてしまう。その魔力に取りつかれてはならない。そのためには、マイクを手にしたら、自分に対して「謙虚に、謙虚に」といい聞かせることだ。大声を上げたり力んだりしなくても、マイクが皆に聞こえるようにしてくれる。

　マイクに向かっては、ゆっくりと小さな声でささやくつもりになってみる。それだけでも自分自身が冷静になるので、出すぎた言葉の内容にはならない。それが謙虚な姿勢へとつながっていく。

三十六計逃げるに如かず

海外の地で世界のあちこちから同好の士が集まる大会があったときのことである。開放的な南国であるので、儀式的な行事には皆真剣な面持ちで参加するが、後は装《よそお》いも気分もカジュアルだ。知らない者同士でも同じ仲間として気軽な会話を交わしている。

さまざまな年齢層の人が集まっているのであるが、それぞれに堅苦しくない接し方をしている。一週間足らずの滞在であるが、二、三日すると何となく仲よしグループらしきものが出来上がってくる。若い人たちの間では、ロマンスの花が咲《さ》く兆《きざ》しがあるような場面も、ところどころで見られた。

そのような雰囲気の中で、妻を何年か前に亡くしたという中年の男性が、同じく中年の未亡人に対して特別の関心を抱いている様子がうかがわれた。女性は逃げ腰であるのだが、男性のほうは積極的にアタックをしている。立食形式のパーティーでは常に近くに行って話し掛けたり、飲み物を持ってきたりして、いわばつきまとっているのだ。

また、機会がある度《たび》に彼女の写真を撮っている。それをその後でプリントして、すぐに彼女に渡したり部屋に届けたりしている。さすがに彼女も辟易《へきえき》の体《てい》であり、幸いにも同室の友人がいたので、事ある毎《ごと》に防波堤になってもらっていた。

もちろん、彼は紳士的に振る舞っているのであったが、あまりにもしつこかったので、彼女は「三十六計逃げるに如《し》かず」を決め込む結果になった。分別もある大の男が、つい解放感に乗じて深追いしすぎたからである。

帰国してから、渡しそびれていた写真のいくつかが、彼女の許《もと》に郵送されてきた。今時では珍《めずら》しく、その大会の参加者のリストには住所も記載されていたからである。結束の固い組織であったので、あまり賢明な方法とはいえないが、住所までも入れていたのであろう。

礼儀正しい彼女としては、わざわざ写真を送ってきてくれた親切に対しては礼状を書くべきだと考えた。そうしなかったら、礼を失することになって、自分が礼儀知らずの女性であると考えられ、自分のイメージが失墜《しっつい》すると思ったのだ。

それを聞いた件《くだん》の同室の女性と私は、それは無視すべきであると主張した。感謝の手紙を書いたのでは、つきまとわれて迷惑な思いをしたというメッセージは伝わらない。またぞろ知り合いの関係が再開されてしまうリスクを冒《おか》さないで、断絶と無視の意思を示したほうがいい。相手に自分がどう思われてもいいのではないか、という考え方だ。

誰からも悪く思われないようにと八方美人的に振る舞ったのでは、悪い縁まで引きずっていってしまう。「君子危《あや》うきに近寄らず」で、つまらない礼に固執《こしゅう》してリスクのある行動をするのは、賢明な人のすることではない。

悪縁は損切り

豊かな人間関係という言葉に釣《つ》られて、知っている人を多くしようとするのは、身を誤《あやま》るリスクを高くする。人間関係も数量ではない。質の向上に焦点を合わせていく必要がある。世の中や自分の周囲にものが溢れてきているので、「捨てる」ことのすすめが、人々の関心を集めてきている。

人間関係についても同様である。悪い人間関係は次々と捨てていって、スリム化を図る。そうすれば、自分の精神衛生上の観点からも日々の生活が快適になる。「腐《くさ》れ縁は離れず」といわれているように、思い切って捨てないと、いつまでもつきまとってくる。

また、自分が追い求めている縁であっても、客観的かつ冷静に考えてみて、見込みがないと思ったら途中で追求をやめる。それまでに時間とエネルギー、それに、もしかしたら金を使ったからといって、その元を取ろうとしたら深みにはまってしまう。それ以上の損をしないようにと、「損切り」をする思い切りのよさが必要だ。

一時はよかった人間関係であっても、努力してもうまくいかなくなったときは、諦《あきら》めて見切りをつける。確か昔の歌謡曲の中に、「捨てちゃえ　捨てちゃえ　どうせひろった　恋だもの」という歌詞があった。ある程度の努力をして、それ以上は無駄な努力になると判断したら、勇気を奮《ふる》って捨てることだ。

そのようにして過去をいっさい忘れることができたら、気分も新たにして再出発をすることが可能になる。心の新陳代謝《しんちんたいしゃ》である。それは生物体と同じように、心が「生存」するためには必要な入れ替わりのルールだ。まずは現在持っているものを捨てなかったら、もっといい次なるものを求める方向へ向かっての、新たなスタートは切れない。

つまらない世間体《せけんてい》や評判に対する執着《しゅうちゃく》、それにエゴの塊《かたまり》のような自分の小さなプライドを捨ててみれば、つまらない人間関係を捨てるのも容易になるはずである。

第五章　健全な「軸」は健康な肉体と精神に宿る

自分の健康は人任せにしない

病気になったら、医師の元に駆《か》けつける。ちょっと具合が悪いだけでもそうする人もいれば、症状がかなり重くなってからでないとみこしを上げようとしない人もいる。どちらがいいかは、時と場合によって異なる。神経質になりすぎてもいけないし、ほったらかしにするのもよくない。判断の分かれるところだ。

本人のこれまでの経験や家族など周囲にいる人の見立てによる。さまざまな観点から考えて、臨機応変《りんきおうへん》に対処する姿勢が必要なことだけは間違いない。病弱であったり持病があったりする人であれば、ちょっとした異常に対しても、万全を期さなくてはならない。若くて元気潑剌《はつらつ》とした人の場合は、少しぐらいの不調はそのうちに治ってしまうかもしれない。

だが、自覚症状がかなりの程度であったり続いたりするときは、四の五のいわないで専門家に診《み》てもらうのが鉄則だ。今忙《いそが》しいとかしなくてはならないことがあるとかいって、何もしないでいるのはよくない。そのような人の中には、診てもらって深刻な病気であったら困るからと思っている人が多い。

診断の結果を知るのが怖いのである。もし悪い病気であったら、仕事や日々の生活の現状を維持していくことができなくなる。現在享受《きょうじゅ》している生活の質が落ちていくのが嫌だという近視眼的な考え方に支配されている。可能性のある悪い結果にも立ち向かおうとする勇気がない。手遅れになったのでは、日々の生活だけではなく自分の一生に暗い影を投げかけてしまう結果になるかもしれない。そのような重大なリスクを冒《おか》すのは、愚の骨頂《こっちょう》というほかないであろう。

極端な表現をすれば、自殺に対して「未必の故意」的な心理が働いている可能性がある、ということもできる。死へ近づくことを積極的に意図《いと》したわけではない。だが、医療機関の診断を受けないという不作為によって、早期に死に至るかもしれないとは思っていたはずだ。にもかかわらず、そうなっても仕方がないと考えて、診てもらおうとしないで危険を冒したことになるからである。

情報は発信する人に集まる

さて、詳細な診断を受けて治療をしてもらうときは、医療機関に身を委《ゆだ》ねる。だが、任せっきりではいけない。自分自身の力で治そうとする堅固な意志が不可欠である。その病気について、自分でも情報を集めて勉強する。本や雑誌を読んだりインターネットで検索したり、さらには友人や知人にも教えてもらったりする。

自分の病状を隠そうとする人がいる。病気を自分の弱みであると捉《とら》えて、人に教えたら不利になると考えているのだ。もちろん、そのような面もないとはいえないが、人が知ったら関連する情報をくれることもある。功罪相半《なか》ばする場合もあるが、自分の健康という最重要問題の観点からは、メリットのほうが大きい。

そもそも情報は発信する人のところに集まってくるものだ。情報を求める人は、それをもらおうと思って、持っている人のところに寄ってくる。そのときには、どんな情報が欲しいかを説明しなくてはならない。その説明をする過程で、いくつかの情報を提供する結果になる。そこで、情報があるところに、さらなる情報が集積されるのである。

さて、自分の病気について自分自身で勉強する必要があるといっても、医師や看護師を信用するなという意味ではない。相互に信頼関係を築き上げる必要はあるが、人に頼り切りになってはいけない、というのである。やはり、自分自身で治すのを専門家に手伝ってもらう、という姿勢が基礎になくてはならない。

医師は「医は仁術《じんじゅつ》」と考えていても、当人も「生身の人間」である。自分自身の生命体を維持するためには、食事をしなくてはならないし睡眠も取らなくてはならない。不眠不休というわけにはいかない。患者に対して相対しているときは献身的な努力をするが、患者のことを四六時中考えることはできない。そのようなことを期待するのは、逆に患者自身が極めて「利己的」になっている証拠だ。

医師にも自分自身の都合や事情がある。それに医師は職業である。すなわち、自分や家族の生計を立てていく手段になっている。その点を無視して、自分が病床にあるからといって、医師に過大な要求をしたり、「自己犠牲《ぎせい》的な」行為を期待したりするのは、まさに「人道」に反している。自分が苦しんでいるときであっても、医師の家族にも瀕死《ひんし》の床《とこ》にある人がいるかもしれない。

要は人に任せっきりにしたり頼りすぎたりしないことだ。自分の健康は、第一義的には、自分自身が自分自身の責任において守っていくという心構えを肝《きも》に銘《めい》ずる必要がある。

健康のために倹約はしない

「健全なる精神は健全なる身体に宿《やど》る」ということは、誰でも知っている。いくら「精神一到《いっとう》何事か成《な》らざらん」といって集中して努力しようとしても、もし身体が健康でなかったら、集中することや頭を働かせることにも限度がある。軽い病《やまい》であればいざ知らず、重病であったら、何一つすることができなくなる。そのうえに、人に助けてもらわなくてはならないので、迷惑を掛けることになる。人のお荷物になってしまうのだ。

したがって、健康を維持するためには、時間やエネルギー、それに金も惜《お》しんではならない。健康のためには、贅沢《ぜいたく》をするくらいの積極的な考え方をする。いくら才能があって金銭的な条件に恵まれていても、健康を失ったら元も子もなくなることを、十分に認識しておく必要がある。

先年百歳で亡くなった伯母は、最期の数日前まで、三度の食事も十分に食べ、風呂にも誰の助けも借りないで独りで入ったりしていた。話をしても理路整然としていたし、記憶力についても私より確かであるくらいであった。

その五、六年前からは娘夫婦と一緒に暮らして、掃除、洗濯、炊事の面倒を見てもらっていた。だが、それまでは、夫が亡くなるまで、家事の全般にわたって独りで取り仕切っていた。二人とも九十歳をすぎたときでも、時どきではあったが、私もその田舎《いなか》の家に泊まりに行っていた。食事や入浴の支度《したく》もすべてしてくれて、私のふとんまで敷《し》いて面倒を見てくれていた。

その伯父や伯母から学んだことは沢山《たくさん》ある。ちょっとしたときにいう言葉に、珠玉《しゅぎょく》の価値があるものが多かった。年寄りのいうことに間違いはないと、感心したものだ。常に健康の重要性について話し、油断したら病気になると何度もいって聞かされていた。

昔のものを大切に使い、台所のスポンジなども古くなってすり減ったのを使い続けていた。常に洗剤できれいにしているし、まだ使えるからというのがその理由だ。

だが、「私は倹約はしないのだ」というのも、口癖の一つであった。たとえば、冬はもちろんであるが、ちょっと寒いと思ったら、あちこちの部屋の暖房をつけて回る。年寄りには寒いのが身体にもっともよくないからだ、というのである。

自由になるために健康になる

東日本大震災によって起こった原子力発電所の事故によって、最近はエネルギーの節約ということが声高《こわだか》にいわれている。だが、夏場の暑い日が続いたりすると、熱中症で具合が悪くなる人が増えてきた。とくに年寄りの場合は、そのために死に至る人も多くなった。そこで、エネルギーの節約も程々《ほどほど》にして、エアコンも適宜《てきぎ》に利用すべきであるという考え方や流れも出てきた。

「命あっての物種《ものだね》」であり、「死んで花実《はなみ》が咲《さ》くものか」である。死んでしまっては、まさに元も子もなくなる。自分の命にかかわることであったら、私益は公益に勝《まさ》ると考えて行動する自由は、自分に許されていると思っていいであろう。

太平洋戦争の場合を考えても、国家のために身を賭《と》して戦ったが、それに対して報《むく》われた人が何人いたであろうか。私の知る限りでは、一人もいない。もちろん程度問題であるが、国家の利益へつながっていく公共の利益を考えるときは、自分自身のことをよくよく考えたうえにする必要がある。

時代錯誤《さくご》になるかもしれないが、国家や公共の利益について大上段に振りかぶって論じないで、総論的には自由放任主義を基本とする考え方も加味したほうがいいのではないだろうか。もともと民主主義の立場は、人々が自らの自由を保障しようとするものだ。

自分が自由になるためには、人の自由を尊重しなくてはならない。そのためには、自分の欲は自分にとって絶対必要だと思うものに限定せざるをえなくなる。そこで、いわゆる「見えざる手」が働く結果になるのも、単なる夢物語ではないだろう。ただ、昨今あちこちで見られる「強欲」だけは取り締まる術《すべ》を考えなくてはならないが。

個人の健康に最大の価値を置く考え方を、もっと社会に浸透させる。それが結局は幸福への道につながっていく。貧乏だとか温かい家庭がないとかの境遇の下《もと》にある人は、確かに不幸な身の上であるかもしれない。しかしながら、丈夫な身体さえあれば強固な意志が備わってくる可能性がある。そうすれば必ず道は開けてくる。

もし、健康な身体でなかったら、そのような「可能性」がゼロに近くなっていく。親しい人に手紙を書くときは、必ずといっていいくらい「お身体を大切になさってください」とつけ加える。健康がいかに重要であるかを皆が知っている証拠だ。

病人に引きずり込まれない

家族に病人が出たら、誰でも看病に専念する。それが重大な病気であったら、仕事であれ何であれ、放り出して世話をする。優先順位の筆頭に位置させて、病気からの回復を目指して自分にできる限りのことをしようとする。家族としては当たり前の心情である。

しかしながら、病状が長引いてくると、考え方にも少しずつ変化が生じてくる。日常生活のすべてを犠牲にするわけにはいかなくなる。病人を中心にした日々を続けていくにしても、長期戦に備えた態勢づくりも考えていかなくてはならない。不本意ながら「手抜き」をしても、重大な結果になったり、病人の気持ちに弊害《へいがい》が生じたりしないところを見出して、折り合いをつけていく。

そこで下手《へた》をしたら、病人か自分かのどちらかが駄目になる。病人への看病が行き届かなかったり、病人が見捨てられたのではないかと思って精神的に不安定を来《きた》したりするかもしれない。もしくは、自分が病人のことを一所懸命に思うあまり、自分自身の生活のペースを崩してしまうかもしれない。病人によって病気の世界に引きずりこまれる結果になるのである。

いうなれば、「ミイラ取りがミイラになる」にも似たことになる。病人を助けようと思って懸命になっているうちに、自分自身が病気になってしまう。それでは、共倒れになってしまう。強いほうが強さを維持しながら、弱いほうを助けるために尽くす必要がある。自分自身は常に余力を蓄《たくわ》えておく冷静さを失ってはならない。

病人との関係は、付かず離れずの状態を保つ。だが、それはかたちのうえでである。さもないと、薄情ということになるからだ。心情的には「付いて」離れずの姿勢を基本として、時どき「離れる」といった程度のバランス感覚が必要となるだろう。

その点に関しては、優秀な看護師の姿勢を見習うといい。患者の気持ちには共鳴して、物理的に接するときは、自分にできる限りのことをする。もちろん職業的な役目であるとはいえ、自分自身が患者の心情に溺《おぼ》れることはない。常に理性的な判断をしながら対応していく。そのようなプロの心構えと能力、それに親切さがある点に全幅の信頼を寄せるのである。

見舞いに心配りを学ぶ

看護師といえば、以前は看護婦と呼ばれて、女性ばかりであった。最近は男性も見掛けることがあるが、やはり圧倒的に女性が多い。やはり看護師は女性のほうがいい、と表立っていえば、偏見であるとされて批判されかねない雰囲気がある。

だが、それは偏見ではなく、患者個人の観点からすれば本音であろう。男性のみならず女性にも看護婦に対する郷愁《きょうしゅう》にも似た思いがある。それに、病人や怪我人を介抱したり世話したりする看護という作業には、男性よりも女性のほうが適しているともいわれている。

生理的な観点からも、育児には「女性的」な優しさと気くばりが必要だ。もちろん男性にも育児が上手な人はいるが、子供を産んで授乳をするという、育児の出発点にいるのは女性である。看護は、その延長線上にあるといえば語弊があるかもしれないが、少なくともそこからの派生的なものとして考えることはできる。

昔は「白衣の天使」といわれてもいたが、確かに病院の中で見る女性の看護師には、そのようなイメージは現在でも残っている。病人ばかりの病院内で、白のユニフォームを着てきびきびと働いている姿には、舞い降りてきた天使のような雰囲気がある。

友人や知人が入院したときは、長期化すれば見舞いに行く。病状やその軽重にもよるが、できれば家族などに連絡をして都合のいい日時を聞いたうえでにする。病院の面会時間を守るのはもちろんだが、いくら患者がいいといっても、長時間にわたるのは避ける。病人には休養が不可欠であることを忘れてはならない。

もちろん、共通の友人たちと一緒に行くのもいいが、多人数にはならないようにする。見舞いは病人を慰《なぐさ》めたり元気づけたりするためであるが、あまり元気づけすぎると、逆に職場復帰などを急《せ》かせる結果にもなる。仕事の話などは当たらず障《さわ》らずにしておく配慮も必要になる。

また、見舞いに来るのが遅くなったときなどに、「もっと早く来なくてはいけなかったのだが」などと言い訳をする人が多い。そのような言い方をすると、見舞いをするのが義務であると考えているニュアンスがある。同じ言い訳をする場合でも、「すぐにでも来たかったのだが」などといえば、自分の願望や心情を伝えることになる。ちょっとした言い回しの仕方によって、いわれた側が受ける感じはかなり違ってくる。

食べられない状態に慣れる

世界には飢餓《きが》状態の中で苦しんでいる人たちが大勢いる。何億人もいるといわれ、全人口の七、八人に一人が飢《う》えている計算になるという。一方では、つくって売れ残った料理や弁当の類いが、大量に廃棄処分にされている。その典型例の一つと思われているコンビニエンスストアが、あちこちに林立して、その傾向に拍車《はくしゃ》を掛けている気配すらうかがわれる。

私たちの年代は、戦争中や戦後の食糧難の時代を経験している。したがって、食べ物を大切にする習慣が身についている。自分の周囲であれニュースで知った場合であれ、食べ物が無駄にされるのを見たり聞いたりするのは辛い。時には、気分が悪くなるくらいの嫌悪感を覚える。

特に若い年代の人の中には、食べ物はいつもあるものだと思っているらしき人たちも多い。食べるものがないのがどんなに辛いことかを、知ってもらう必要もあるのではないだろうか。そのためには、本格的でなくてもいいが、プチ断食的なことを試みる特定の日を設定し、それを推進する運動を興《おこ》してみるのがいいかもしれない。イスラム教徒が日の出から日没まで断食をする月であるラマダンが参考になるかもしれない。

また、タレントらしき人たちが、テレビでいろいろと食べて見せている番組が氾濫《はんらん》しているが、それを自粛《じしゅく》する週間を考えてみるのも面白い。テレビ業界にそのような企画ができるようになれば、世の識者のテレビに対する評価も上がってくるはずだ。

テレビで若い人たちが次々と食べている画面を見せているが、ただおいしいとか珍《めずら》しい味だとか豪華な料理だとかいうだけである。口では「いただきます」といっているが、きちんと「ご馳《ち》走《そう》さまでした」と感謝の念を表す場合はあまりない。

食べ物がなくなった情況におかれてみないと、その有り難みはわからない。その意味においては、東日本大震災の中で経験した苦難は大いに生かさなくてはならない。もちろん直接に災害に遭遇《そうぐう》した人たちにとっては、それは試練などという言葉では表すことはできない。自分自身が死の淵《ふち》に立たされたり、家族や親戚や友人、それに一緒に働いていた人たちの死という最悪の事態に見舞われたりした。財産的損害も甚《はなは》だしい。

大地震、それによって誘発された津波や原発事故による災害に対して、「天罰」という言葉を使って非難された政治家がいた。もちろん、それらによって亡くなったり大きな被害を受けた人々に対していったのであれば、非難されて然《しか》るべきである。だが、物質文明の発展のみを求めた、人間の驕《おご》りに対する警告に近い意味に捉《とら》えれば、皆の自戒の契機とすることはできる。

食べ物一つに対する姿勢にしても、現在の日本人の多くは「驕る平家は久しからず」における平家に自分たちを擬《ぎ》して、十分に反省してみなくてはならない。それこそ天災はすべて天罰であると考えるくらいの謙虚さが必要であろう。

過食の肥満は下品

人間の欲には限りがない。食欲についても同様で、食欲に従って腹一杯食べていると、腹のみならず身体のあちこちに支障を来《きた》してくる。「腹八分目に医者いらず」といわれているように、物足りないくらいで食べるのをやめておけば、健康を損《そこ》なうことはない。食べすぎが習慣になると太る。

腹一杯食べた後や太ってきたときは、思考力も身の動きも鈍《にぶ》くなってくる。たくさん食べることで満足するか、それとも食べすぎないようにして、読書やスポーツなどのより「高級」なことを楽しむ余地を残しておくか。そこの考え方一つで、自分が醜《みにく》い人になるか美しい人になるかが決まってくる。

日本ではまだ表向きには、肥満を非難したり差別視したりする動きは見られない。だがアメリカの友人の話によれば、ビジネスの世界では肥満は就職や昇進にとって不利になる条件の一つにもなっているらしい。自分の身体一つコントロールできないようでは、仕事の場における管理もできるはずがないというのだ。

肥満が健康にとってよくないのは、実証済みである。自分を太らせるのは自分自身に対する一種の犯罪行為でもあり、太っているのは下品のカテゴリーに入る。差別待遇はいけないといわれている。日本国憲法でも、「すべて国民は、法の下に平等であって、人種、信条、性別、社会的身分又は門地により、政治的、経済的又は社会的関係において、差別されない」とされている。だが、肥満が本人の健康管理の怠慢《たいまん》によるものである場合には、社会的な場面においては差別される結果になっても仕方がないであろう。食生活をきちんとしていないと、そのツケを払わされることになる。

酒に人づきあいを知る

私は無類の酒好きである。もちろん、私だけが特別なのではなく、同類項は大勢いる。その中には、「斗酒《としゅ》なお辞せず」といって際限なく飲む大酒飲みもいれば、口ではたしなむだけであるというが、実はまったく目がなく、こよなく酒を愛している人もいる。

私は若いとき、といっても五十代くらいまでであるが前者であり、年を取るとともにそれ相応に後者へと移行していった。重点を量から質へと移し、目覚ましい「進歩」を遂《と》げてきた、と自分では思っている。「量の時代」には、若さに任せて手当たり次第に飲んでいた。多品種大量消費で、夜な夜な飲み歩いて、歓楽街の発展にも大いに貢献した。酒が強いといわれると、褒《ほ》められたと思って、さらに調子に乗って飲んだ。

ただ、そのようにすることによって、多くの人たちと知り合った。若気《わかげ》の至《いた》りであったかもしれないが、酒を通じて誰とでも「平等に」つきあったので、普通の学生や勤め人であったら話をする機会のない種類の人たちとも知り合いになった。その中には、大会社のトップの人もいれば、やくざといわれる人たちもいた。

当然のことながら、ママやホステスといわれる人たちの多くと接して、男性と女性の考え方の違いも学んだ。人情がからんだ場面に遭遇をするかと思えば、恋の駆《か》け引き的なニュアンスの中で翻弄《ほんろう》されるにも似た場に巻き込まれたこともあった。男女間のみならず人間関係のからみ具合を垣間《かいま》見たこともあった。

いわば人間模様の縮図を現場で直接に見ることができたのである。

自分は酒を「個人的な飲み物」であると思って飲んでいたのであるが、そのうちに自然に「社会的な飲み物」として飲む結果になっていた。この酒の両面性が、人生の勉強になった。したがって、若いときは収入の大半、というよりもほとんどを酒ないしは酒を中心とする世界に注ぎ込んでいたが、月謝であると考えれば、かなり効率のいい「投資」であったと思われる。

これはけっして負け惜しみの詭弁《きべん》ではない。とくに、私が独立した以後の仕事の面では大いに役立った。人とのつきあい方や、その中において必要となってくる人情の機微《きび》について、的確に判断して行動するのがきわめて容易になった。

酒は健康のバロメーター

さらに、五十五歳のころから執筆活動にも時間を割《さ》くようになったとき、これまでの私の人間関係に関する観察や経験は、このうえない題材となり参考資料となった。もちろん、仕事の場で見聞きしたり経験したことも役立っているのであるが、それらはどちらかというと表向きのことであり建て前である。

一方、夜の巷《ちまた》で繰り広げられる酒の世界では、人間が隠している裏の世界がちらちらと見えてくる。ほっとして一息ついたときや、酒の酔いが回ってきたときなどに出てくる言葉や行動様式が、その人の本音であり本来の姿である。

「酒は飲むとも飲まれるな」といって、理性を失うような飲み方はしないほうがいい。だが、何かの拍子には飲まれて憂《う》さを晴らしたいと思うこともある。酒の利用の仕方は、人に迷惑を掛けない限りは、本人の自由である。

「酒は百薬の長」といわれたり、「酒は百毒の長」といわれたりする。薬でも多量に使えば毒になる。睡眠薬はその好例である。眠れない人にとっては睡眠を誘導してくれる薬だが、それを多量に飲んで自殺を図《はか》る人もいる。毒として利用しようとしているのだ。

やけ酒だといって酔っ払ってしまうまで飲む人がいるが、これは自分で自分をコントロールすることが全然できない人である。いわば自分が幼児性から抜け出せない事実をさらけ出している。酒を悪用する例の一つで、酒を愛する人のすることではない。

私は数え切れないほどの回数、量《はか》り切れないほどの量の酒を飲んできたが、やけ酒はまだ一度も飲んだことがない。酒を愛するが故《ゆえ》に、酒を冒瀆《ぼうとく》するような不真面目で不謹慎なことはできないからである。

若いときの酒は、刺激を求めて元気よく飲むものであった。発展成長を目指す激動期の酒である。年を取った最近の酒は、現在の落ち着いて平和な状態を守っていこうとする安定期の酒である。できるだけ静かな環境で上質な酒を、少量味わって飲もうとする晩酌《ばんしゃく》型である。若いときの大酒飲みがスロードリンカーになり、その自分自身を温かい目で見守っているのである。

少量を飲むと、味わおうとして舌のみならず目や鼻の機能も駆使《くし》しようとする。味わいは味わおうとしなければわからないことを悟《さと》る。酒とのつきあいが深くなってきた。酒がおいしいときは健康な証拠で、それは深いつきあいになった酒が教えてくれているのだ。

いい加減なところで諦める

世の中の流れを見ていると、いろいろと気に食わないことや憤慨《ふんがい》することが出てくる。世界情勢や日本の政治経済の動きが新聞やテレビなどのメディアで報道されるが、その中には朗報は少なく、歓迎せざるニュースのほうが多い。これはこの世が悪い方向へと、坂道を下っていくように突き進んでいる証拠の一つなのであろうか。

内外で起こる凶悪犯罪の場合は、嫌な気持ちになっても、自分の家の近くでなかったら、ある程度は対岸の火事として見ている。実際に、その度《たび》に一々胸を痛めていたら自分の身が持たない。そのくらいに世を騒がせるような事件が次々と起こっている。

ただ、政治や経済の成り行きや事件の場合には、今すぐにではなくても、そのうち徐々に一般の人たちも何らかのかたちで影響を受けるようになる。したがって、それを知る度に一喜一憂《いっきいちゆう》せざるをえない。といっても、やはり喜ぶよりも心配するほうが多いようであるが。

メディアはニュースを人々に伝えるのが使命であり仕事であるから、ある意味では事務的に報道すればいい。だが、一般市民としては、それを受け取ったうえで一つひとつ「消化」していかなくてはならない。悪いニュースの場合、苦痛を感じたり先行きについて悩んだりする。

それは真剣に考えれば考えるほど、フラストレーションとなってたまってくる。精神衛生上よくないので、そのような精神状態からできるだけ早く抜け出す術を講じなくてはならない。フラストレーションは心の病気の初期症状の表れとして考えて、身体の病気と同じように早期発見をして治すための治療を施す必要がある。

最も短絡《たんらく》的な方法は、そのうっぷんを外部に発散することである。自分でも知らないうちにほかの人に当たり散らしている人もいる。だが、これは自分のフラストレーションをほかの人に転嫁しているので、非常にはた迷惑であり、自分の評判も落としてしまう結果になる。

ほかの人を巻き込まないで発散しようと思ったら、スポーツや読書などに熱中して、そのたまった悪いエネルギーを燃え尽きさせる。食べたり飲んだりを激しくすることによって、心の重荷を吹き飛ばそうとする人もいる。建設的な解消を目指す人は、仕事や勉強に熱中するかもしれない。

いずれにしても、自分の身体や頭を使って、自分にとってマイナスになることを忘れようとしているのである。「忘れる」ことができるという能力が、自分の健康、とくに精神衛生にとって、いかに大切でいかに効果的な力を発揮するかということを、忘れてはならない。

嫌なことは忘れる

たとえ瞬間的にであっても嫌なことを忘れることができれば、気分転換になって大いに救われる。もし永久に忘れることができたら、そのマイナスの感情から永遠に解放される。ところが、忘れてはいけないことは忘れ、忘れたほうがいいことは容易に忘れることができない。すなわち、忘れるという機能は、不随意筋《ふずいいきん》にも似ていて、人が意識して働かせることができない機能である。

だが、ある程度訓練をすれば、忘れたいことを忘却《ぼうきゃく》の彼方《かなた》へまで押しやることはできなくても、自分の意識からできるだけ離れたところへと移行させることは可能だ。そもそも何かを忘れることができないのは、そのものやことに対して自分が並々ならぬ関心を抱いているからだ。その執着の心を逸《そ》らせたりなくさせたりすれば、記憶は徐々に遠ざかっていく。

まずは自分の関心や執着《しゅうちゃく》がなぜ強いのかを冷静に分析してみる。実際には自分にとって最重要なことでもないのに、単に行き掛かり上なくなると困ると思っているのかもしれない。世間体《せけんてい》や見栄《みえ》を考えて、執着心が捨て切れないのかもしれない。さらに将来においてなくなったら困る事態に立ち至るかもしれないと考えている場合もある。自分のさまざまな欲が絡《から》んで、自分を束《そく》縛《ばく》しているのである。

それらが自分にとって絶対に不可欠なものでなかったら、捨てるのである。悟り切った人であれば、自分の生命でさえ絶対に不可欠なものではない。となれば、すべて自然に任せて飄々《ひょうひょう》と生きていくことができる。

この世は自分の思いどおりにはならない。自分の力ではどうにもならないと思ったら、いい加減なところで諦《あきら》めることだ。それに、無理を通そうと思ったら、どこかで道理に適《かな》っていないことも起こる。それは自分の身体や精神にとってはよくない結果になる。

ただ自分でできる限りのことはしなくてはならない。全力を尽くしたら悔《く》いはない。その後は成り行き任せだ。「人事を尽くして天命を待つ」。天命に従うとは、成り行きに任せて、後はすべて諦めることである。

妬まない、恨まない

小さな子供たちが遊んでいるところを観察すると、人間の感じ方や考え方が典型的に表れている場面があちこちで展開されていくので、興味は尽きない。人間の生態学への入門という観点からも、きわめて多くの題材が見つかるのではないかと思われる。

それぞれが自分の持っているおもちゃで遊んでいるが、それを投げ出して、ほかの子供が遊んでいるおもちゃに大いなる興味を示す子がいる。中でも元気がいい、というか乱暴な子は、それを強引に取り上げようとする。大人が客観的に見れば、どちらでもいいではないかとか、自分が遊んでいたおもちゃのほうが面白そうではないかとか考える。

だが子供としては、ほかの子のおもちゃのほうがよく見える。「隣《となり》の芝生は青く見える」のである。その心理の奥底には、もう一つ欲しいという気持ちがあるかもしれない。さらには、未知のものへの興味が潜《ひそ》んでいるかもしれない。所有欲であれ知識欲であれ、いずれにしても欲のなせる業《わざ》である。欲は生きている力であり、エネルギーの発生源である。

欲はそのままに放置しておくと、悪の方向へと向かっていく危険性がある。教え諭《さと》して善の方向へと導いていく必要がある。悪へ向かっているからといって、その欲を頭ごなしに抑えつけようとしてはいけない。欲の方向転換を図る努力をしてみるのだ。

ほかの人が持っているものを欲しがる点においては、大人も子供と同じようなものだ。人が持っているのと同じものを欲しがる。ブランド商品の隆盛には、このような心理が大きな理由の一つになっている。皆が持っているので、自分も持たなかったら時流に乗り遅れてしまうと考える。やはり群《むら》がる習性のある人間としては、仲間外れにされるのが不安なのである。

ただ実際には、持っている人は皆ではなく、比率的にはほんの一部の人たちだけである。だが、自分が欲しいと思ったときは、「皆」という表現をする。このような心の働きを利用して、商人は商品やサービスの売り込みを図る。書籍について印刷した部数を大きく前面に打ち出して売り上げを促進しようとしたり、ファッション商品が多くの人の間で流行《はや》っているといったりするのは、その代表的な例である。

負の感情を正に転換する

たとえ多少は無理をしたとしても、自分が買うことのできる商品やサービスであったら、欲しいものを手に入れるのは簡単だ。だが、他人の幸運などについては、自分も同じようになりたいと思っても難しい。そこで妬《ねた》むという感情が湧《わ》き上がってきて、悔《くや》しがったうえに、その人に対してちょっとした憎《にく》しみを抱くこともある。

妬まれた相手としては、とんだとばっちりを食ったことになる。何の罪もないのに、たとえ表向きにならなかったとしても、悪感情を抱かれたのでは、世の公正は保たれない。妬みを抱く人としては、そのようなネガティブな感情に心を苛《さいな》まれて、自分を卑下《ひげ》し続けることになる。自分のエネルギーを後ろ向きに使っているので、妬んでいる相手との距離は開いていくばかりだ。

妬むという内へ向かっての感情を、外へと方向転換をしていく必要がある。素直に自分もあやかりたいと考えて、幸運が訪れる環境に一歩でも近づいていく努力をしてみる。無い物ねだりをするのではなく、自分自身で望んでいることが実現するようにするのだ。

恨むという感情も、妬むことと似ている。人が自分に対していったりしたりしたことに対して、不快な気持ちを持ち続ける。相手の言動だけに焦点を合わせているので、考えは狭《せま》く固まってしまって、内向的になっていくばかりだ。

冷静になって、なぜ相手がそのような言動をとることになったかについて、いろいろと考えてみる。すると、自分の言動や姿勢が一因となっていることに気づくかもしれない。自分にも悪いところがあったと反省すれば、相手を一方的に責めて恨むのは理不尽であることがわかる。

恨むというのは、かなり強い感情である。その「強さ」を自分のプラスになるように利用しようと努力してみる。エネルギーの有効利用である。自分の持っているエネルギーをネガティブなことに使ったのでは、無駄にしたことになり、それは自分の損にしかならない。

　ネガティブはマイナスであり、ネガティブが多ければ多いほど、自分の精神衛生上はよくない。悩むことは心を痛めることであり、それは精神的な健康が蝕《むしば》まれていくことにほかならないからである。心にマイナスになることは、できるだけ早くなくしてしまう。すると、胸がすっとする。身も心も軽くなってくるのである。

怒りは敵

　政治経済の場であれ、仕事や個人的な生活の場であれ、理不尽なことがなされているのを見ると、怒りの感情が込み上げてくる。それが自分に直接かかわることであればもちろんであるが、自分から遠く離れたところで行われていることであっても、許せないという気持ちで胸が一杯になる。

　若いときは、その程度が激しかった。血気盛んなころであるから、正義感に燃えていたのである。しかしながら、私も最近は寄る年波に合わせて、軽く義憤を感じる程度までに「成熟」してきた。

　世間では道理に反していることが、「平然と」頻繁に行われている。それがメディアで報じられるのを見たり聞いたりしたときに、家で怒りの言葉を発していた。一緒にいる妻も私と同じ考え方なのであるが、やはり人が怒るのを見ているのは耐えられない、というのだ。

ほかには誰もいないので、自分自身が怒られているような感じになって、非常に不愉快な気分になる。外の世界のことについて口角泡《こうかくあわ》をとばすような勢いで怒って、家庭の平和を乱すのは間違っている、というのが彼女の忠告である。

確かに、怒りは平和の敵だ。怒りは反発を買い、その場にさらなる怒りを誘発する。人間の感情は周囲に同じ感情の連鎖反応を起こして広がっていく。それは喜怒哀楽《きどあいらく》などすべての感情についていえることである。

「怒りは敵と思え」という徳川家康の遺訓がある。怒れば相手の怒りを呼ぶので、結局は恨まれたり敵視されたりすることになり、自分にとってもマイナスの結果になる。怒りは敵をつくる結果になるので怒るな、という教訓である。

怒りはその瞬間における自分の心に鬱積《うっせき》したものを発散するのに効果的なだけで、ほかには一つもいいところはない。

喜怒哀楽はいずれも人間にとって自然な感情の表現方法である。喜び、哀しみ、楽しさなどは、よほど場違いな環境の中で表さない限りは、それほど人に迷惑を掛けることはない。だが、怒りだけは、人間関係の観点からすると、悪い事態を招来する結果になる。

すぐ怒る人は孤独な人

何かの拍子にすぐ怒る人は、瞬間湯沸かし器などと渾名《あだな》をつけられて皆に敬遠される運命だ。友人や知人が増えることはないし、友人や知人であった人たちも、徐々に遠ざかっていく。お互いに心を許し合った親友などができることはない。

また、英語圏には「自分の怒りに打ち勝つ者は強敵にも打ち勝つ」という諺《ことわざ》がある。腹が立つような場面においても自分の怒りを抑えることができる人は、相手になる敵がいないくらいに強い、というのだ。自分の感情をコントロールする意思の重要性を強調している。確かに、自分自身を自由自在にコントロールすることは、ほかの人をコントロールするための秘訣《ひけつ》にほかならない。

さらに、怒るのは自分自身の精神的な健康のためにはよくない。血圧も上がり、瞬間的にはちょっとした「精神錯乱《さくらん》状態」になる。怒りの度合いにもよるが、理性の働きは弱くなり、思考力にも低下を来《きた》す。普段はきちんと考えて行動する人が、少なくともその瞬間には、思慮分別《しりょふんべつ》のない人や単なるバカになってしまう。

自分の感情の流れに任せて怒っていると、どこまでもエスカレートしていくことがある。激しい感情の動きに翻弄《ほんろう》されると心に余裕がなくなり、そこでさらに怒りを燃え上がらせる。すると、それはよりいっそうの余裕のなさへとつながっていくという悪循環になっていき、理性が介入する余地がなくなるのだ。

「金持ちけんかせず」といわれているが、けんかをしたら損をするからだ。敵ばかりが多くなり、敵が自分に得をさせてくれるはずはない。怒りは多かれ少なかれ、けんかをする情況に発展する。

争いをして心が安まる人は一人もいない。心の安らぎや豊かさを求めるのであれば、怒りの感情が起こらないようにするのが一つの確実な道である。「心リッチ怒らず」ということができるであろう。

通常の神経の人は、怒った後に必ず後悔する。これまで激怒した後に気まずい思いをしたり恥ずかしくなったりしたことは、誰にもあるはずだ。さらに、怒った後は精神的のみならず物質的にもかなりの損失を被《こうむ》っているはずで、それを客観的な観点に立って計算してみるといい。

功利主義の立場に立って身を律《りっ》するのである。本来の功利主義とは、自分の「幸福」と「利益」とを価値の標準にして、それらを人生の主な目的とする倫理の考え方である。いわゆる功利的というのは、自分の「利益」だけを追求していくことであるので、それと混同してはいけない。

高尚な笑いのすすめ

　笑うことは健康にいいといわれ、推奨《すいしょう》されている。テレビに出てくる医師たちも、善玉の細胞の活性化につながっていくなどといって、笑いの効用について説《と》いている。確かに暗くて沈んだ気持ちになっているよりも、笑ったり少なくとも微笑《ほほえ》んだりしていたほうが、肉体的にも精神的にも緊張を感じないぶんだけ楽だ。

「病《やまい》は気から」であって、滅入《めい》った気分が続くと、誇張《こちょう》した表現をすれば、生きていこうとする積極的な気持ちが薄れてくる。そこで、身体のどこかの機能に支障が生じてくるのである。

　政治家や組織の責任者が重大な失態を演じたりスキャンダルに巻き込まれたりしたときに、雲隠れをして入院をする場合がある。仮病を使っているというのが大方の見方であるが、正確には必ずしもそうであるとはいえない。本人としては、その時点における自分の人生から逃げたいと思っている。それは身体または精神の一部が正常に機能していない証拠であるから、少なくとも病気の初期症状であるということができるだろう。

　そのような状態の下にあるときは、気分は陰鬱《いんうつ》であって笑うような余裕はないはずだ。健康的で正常な人であったら笑いを誘うような話を聞いても、気分が晴れることはないであろう。そのような観点から見ると、笑いは健康のバロメーターにもなりうるといっていい。

昨今は大衆娯楽で重要な地位を占めているテレビの番組でも、笑いに焦点が当てられているかの感がある。バラエティーショーが隆盛をきわめ、その中ではいわゆるお笑い芸人がしゃべりまくり飛び回っている。

もちろん、貪欲《どんよく》やエゴの発露《はつろ》のにおいが充満している政治や経済の話題についてのニュースや解説に立ち向かうよりも、ずっと気楽な気分に浸《ひた》ることはできる。ただ、そのために「臭《くさ》い物には蓋《ふた》」という一時しのぎの結果になっている気配に対しては、懸念を抱かざるをえない。無理やり「平和ボケ」になって、厳しい現実から目を逸らせようとしているとも考えられるからである。

テレビの笑いは減らす

笑いをすすめる流れが広がっていくこと自体については、非常にいいことであると思われる。しかしながら、「お笑い」の傾向が、そこかしこに蔓延《まんえん》していきつつある様子については、やはり諸手《もろて》を挙げて賛成することはできない。真面目なニュースなどを伝えるアナウンサーまでが、下らない冗談をいっている。無理に笑いを取ろうとしているのが見え見えなので、聞いているほうが白《しら》けたり、うんざりした気分になったりする。

やはりテレビという媒体を通じて不特定多数の視聴者に向かって話し掛けているのであるか

ら、その時点で皆がどんな気分で見ているかがわからない。かなりの人たちに悪い印象を与える危険性があることを考えたうえで慎重を期する必要があるだろう。

私もどちらかというとふざけ散らす性向がある。駄《だ》じゃれを飛ばしたりするのだが、もちろん仲間同士で話しているときだ。笑ってくれる人もいれば、下らないといって一笑に付《ふ》す人もいる。後者の場合は相手にしないというのではあるが、苦笑いという「一笑」くらいはしている。少なくともその場が険悪な雰囲気になることはない。

駄じゃれといえば、頭からバカにする人がいるが、少なくとも頭の訓練になるというプラスの面もある。同音異義の語句を利用して言葉の妙味に面白さを見出して喜ぶ。語句の頭に韻《いん》をふむ頭韻《とういん》や、語句の終わりに韻をふむ脚韻《きゃくいん》などを読み込んだり読み取ったりすると、文章の味をよりいっそう楽しむことができる。

内外の英字新聞を読むときの大きな楽しみの一つは、ニュースの見出しなどに見られる修辞法にある。頭韻をふんだり似ている単語を使ったり、さらには一つの単語に関連する二つの意味を含ませたりして、一行か二行の見出しに味つけをしている。それを読み取ることができたときの面白さと、自分自身の嬉《うれ》しさは筆舌《ひつぜつ》に尽くし難い。胸の中に温かい笑いが湧き出してくるような感じがある。

一方、「お笑い」の笑いは、頭にぶつけてくるような類いのものである。瞬間的には笑うことができても、その笑いには持続性がない。後から考えてみても、中身が薄いものなので、すぐに消えていく。笑いで豊かになったはずの心の中が、空虚になっているのに気づく。軽佻《けいちょう》浮薄《ふはく》で一時的な効果しかなかったので、単なる時間つぶしの種でしかなかったのではないか、と疑いたくなる。

やはり効果が持続して、心の中に温かみが残るような笑いがほしい。後味のいい笑いは、人生や日々の生活に潤《うるお》いをもたらすような品のいいものでなくてはならない。

未来を見つめる

人に悩みはつきものだ。これからどうしようかとあれこれ悩むのは、今日よりも明日をよりよき日にしようとしているのだから、それなりに建設的である。そこで、ちょっとでもいい考えが浮かんで、その実現を目指して一歩でも踏み出すことができたら、このうえない。そのうちのいくつかでも現実のものにすることができたら、前途洋々たる将来が約束されたものといえる。

だが、現在の自分を見て、それが自分が思っていたことと大幅に異なっていると考えて、そこでくよくよと悔やんだり絶望的になったりしたのでは、まったく進展は期待できない。たとえば、職を失って生計が立たなくなったとか、劇的な失恋に打ちのめされたとかの事態に立ち至ったときである。

そうなってから、ああすればよかったとかこうすればよかったとか考えても、自分の失敗を反面教師として将来に役立たせることができるだけだ。過去はすでに出来上がってしまった事実であって、これを変えることはできない。「覆水盆《ふくすいぼん》に返らず」である。現在は過去の結果であるから、それを現実として認めることが、その歓迎せざる状態から脱出するための出発点だ。

過去には訣別を告げ、未来の自分に対する教訓としてのみ記憶に留《とど》める。過去に引きずられて現在を生きていくほど無益なことはない。とくに自分自身の心情だけではなく、世間体が悪いとか考えて思い悩むのは愚の骨頂である。自分のプライドなどというものは、その時点ですでに傷つけられている。それを人から隠そうとしても、周知の事実になっている。そうであれば、それを自ら表向きにしていったほうがいい。

一種の開き直りである。何かを人から隠そうとして努力しても、すでに人が知っていることであったら、それは無駄なエネルギーの消耗である。そのエネルギーを少しでも現状の打開のほうへと向けたほうがいい。今日という日、今という瞬間は二度とない。一度切りの自分の人生におけるかけがえのない一日であり一瞬である。

それを無駄にすごしたのでは、その分だけ自分の一生を縮めたことになるのではないか。程度には差があったかもしれないが、思い掛けない災難に見舞われたり失意の底に落ち込んだりしたことは、過去にもあったはずだ。それを切り抜けてきたからこそ、現在ないしはこれまでの自分があるのではないか。その点については、もっと自信を持って然《しか》るべきであろう。

どのように悲惨な運命の下に置かれたとしても、「何とかなる」。自分が望んでいた程度にまでの回復は難しいかもしれないが、どこかに平和で安定した日々が待ち受けてくれている。それを信じて一歩でも二歩でも前進していくのだ。信ずれば救われる。信じていれば、意識的にも無意識のうちにも、自分が信じていることの実現へ向かって努力する結果になる。

神頼みは切り札

神や仏の前で頭を下げて願い事をする。これを単なる神頼みとして笑う向きがある。だが、本人は真剣になって祈り念じているのだ。その瞬間には、自分自身が願い事が実現されるために「微力」であれ、尽くそうとする決意が秘められている。

決意は心の中にある指針であり推進力である。やる気になるのが出発点であり、少しでも目的に向かって進もうとすれば、その方向性は確固たるものになる。「為《な》せば成《な》る」のである。人間は精神によって生きている動物でもある。「精神一到《いっとう》何事か成らざらん」であって、考え方や気持ちの持ち方によって、道は開けてくるものだ。

現実はその時点ですぐには変えられないし、実際に変えるのは不可能である場合も少なくない。しかしながら、人間には「考える力」が備わっている。したがって、現実はそのままにしておいても、それに対する自分の考え方を変えてみることができる。すると、それまではとうてい受け入れられないと思っていた現実も、容認するのが可能になる。

苦しい現実や不幸な出来事について、自分の力ではどうにも変えたり対応したりするのが無理だと思ったら、最後には自分の考え方を切り換えるのだ。もちろん、最初から切り抜ける努力もしないで、直《ただ》ちに考え方を変えるのは、逃げの姿勢でしかない。考え方を変えるのは、精神的にも耐え切れなくなったときのみに使う切り札でなくてはならない。

「万事休す」という事態になっていないにもかかわらず、容易に利用したのでは、その場限りでいい加減な生き方をしていると非難されても仕方がない。まずは真っ正面から立ち向かっていく勇気が必要だ。自分の考え方を変えるのは麻酔薬を使うようなものであるから、切羽詰《せっぱつ》まったときに使用を限るべきである。

山﨑武也

1935年、広島県に生まれる。1959年、東京大学法学部卒業。ビジネスコンサルタントとして国際関連業務に幅広く携わるかたわら、著作にも本格的に取り組み、茶道裏千家などの文化面でも活躍している。仕事術、仕事にまつわる人間関係術など、ビジネス関連に造詣が深い。

著書には『仕事の品格』(講談社＋α文庫)、『「品格」の磨き方』『凛とした人、卑しい人』(以上、講談社＋α新書)などがある。

講談社＋α《プラスアルファ》新書　**326-3 A**

軸《じく》のある人《ひと》、ブレる人《ひと》
日本はなぜ「上」から劣化するか

山﨑武也《やまさきたけや》 ©Takeya Yamasaki 2012

2012年5月20日第1刷発行

発行者────**鈴木 哲**
発行所────**株式会社 講談社**
東京都文京区音羽2-12-21 〒112-8001
電話 出版部(03)5395-3532
販売部(03)5395-5817
業務部(03)5395-3615
本文写真────**室田康雄／アフロ(雪舟寺)**
デザイン────**鈴木成一デザイン室**
カバー印刷────**共同印刷株式会社**
印刷────**慶昌堂印刷株式会社**
製本────**牧製本印刷株式会社**
本文データ制作────**講談社デジタル製作部**

定価はカバーに表示してあります。

落丁本・乱丁本は購入書店名を明記のうえ、小社業務部あてにお送りください。

送料は小社負担にてお取り替えします。

なお、この本の内容についてのお問い合わせは生活文化第三出版部あてにお願いいたします。

Printed in Japan　ISBN978-4-06-272760-0
JASRAC 出 1205706-201

講談社+α新書

組織を脅かすあやしい「常識」　清水勝彦
戦略、組織、人、それぞれの観点から本当に正しい経営の前提を具体的にわかりやすく説く本
876円 568-1 C

「核の今」がわかる本　太田昌克 共同通信核取材班
世界に蠢く核の闇商人、放置されるヒバクシャ、あまりに無防備な核セキュリティ等、総力ルポ
838円 570-1 C

医者の言いなりにならない「がん患者学」　平林茂
医者が書く「がんの本」はすべて正しいのか？氾濫する情報に惑わされず病と向き合うために
838円 571-1 B

仕事の迷いが晴れる「禅の6つの教え」　藤原東演
折れそうになった心の処方箋。今日の仕事にパワーを与える、仏教2500年のノウハウ！
838円 572-1 A

昭和30~40年代生まれはなぜ自殺に向かうのか　小田切陽一
50人に1人が自殺する日本で、36~56歳必読!! 完遂する男と未遂に終わる女の謎にも肉薄す！
838円 574-1 A

自分を広告する技術　佐藤達郎
カンヌ国際広告祭審査員が指南する、「自分という商品」をブランドにして高く売り込む方法
838円 575-1 C

50歳を超えても30代に見える生き方 「人生100年計画」の行程表　南雲吉則
56歳なのに―血管年齢26歳、骨年齢28歳、脳年齢38歳!! 細胞から20歳若返るシンプル生活術
876円 576-1 A

「姿勢の体操」で80歳まで走れる体になる　松田千枝
60代新米ランナーも体操でボストンマラソン完走。トップ選手の無駄のない動きを誰でも体得
876円 577-1 B

日本は世界一の「水資源・水技術」大国　柴田明夫
2025年には35億人以上が水不足…年間雨量の20%しか使っていない日本が世界の救世主に
838円 578-1 C

拍手しすぎる日本人 行列してまで食べないフランス人　芳賀直子
〝外タレ天国〟日本！ 世界の嗤われ者「芸術貧民」の日本人から脱け出すための文化度養成本
838円 579-1 C

地名に隠された「東京津波」　谷川彰英
大地震で津波が来たら、東京の半分は浸水？ 古地図が明らかにする都心の水の危険度
838円 580-1 C

表示価格はすべて本体価格（税別）です。本体価格は変更することがあります